うんこドリル

# 東京大学との共同研究で学力向上・学習意欲向上が実証されました！

## ❶ 学習効果 UP！⬆

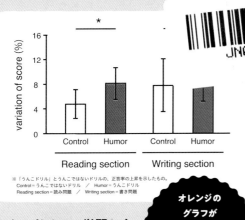

※「うんこドリル」とうんこではないドリルの、正答率の上昇を示すもの。
Control＝うんこではないドリル ／ Humor＝うんこドリル
Reading section＝読み問題 ／ Writing section＝書き問題

**オレンジのグラフがうんこドリルの学習効果なのじゃ！**

うんこドリルで学習した場合の成績の上昇率は、うんこではないドリルで学習した場合と比較して**約60%高い**という結果になったのじゃ！

## ❷ 学習意欲 UP！⬆

※「うんこドリル」とうんこではないドリルの閲覧時の、脳領域の活動の違いをカラーマップで表したもの。左から「アルファ波」「ベータ波」「スローガンマ波」。明るい部分ほど、うんこドリル閲覧時における脳波の動きが大きかった。

**明るくなっているところが、うんこドリルが優位に働いたところなのじゃ！**

うんこドリルで学習した場合「**記憶の定着**」に**効果的である**ことが確認されたのじゃ！

---

**共同研究** 東京大学薬学部　池谷裕二教授

1998年に東京大学にて薬学博士号を取得。2002〜2005年にコロンビア大学（米ニューヨーク）に留学をはさみ、2014年より現職。専門分野は神経生理学で、脳の健康について探究している。また、2018年よりERATO脳AI融合プロジェクトの代表を務め、AIチップの脳移植による新たな知能の開拓を目指している。
文部科学大臣表彰 若手科学者賞（2008年）、日本学術振興会賞（2013年）、日本学士院学術奨励賞（2013年）などを受賞。
著書：『海馬』『記憶力を強くする』『進化しすぎた脳』
論文：Science 304:559、2004、同誌 311:599、2011、同誌 335:353、2012

**先生のコメントはウラへ➡**

## 考察　池谷裕二教授より

教育において、ユーモアは児童・生徒を学習内容に注目させるために広く用いられます。先行研究によれば、ユーモアを含む教材では、ユーモアのない教材を用いたときよりも学習成績が高くなる傾向があることが示されていました。これらの結果は、ユーモアによって児童・生徒の注意力がより強く喚起されることで生じたものと考えられますが、ユーモアと注意力の関係を示す直接的な証拠は示されてきませんでした。そこで本研究では9〜10歳の子どもを対象に、電気生理学的アプローチを用いて、ユーモアが注意力に及ぼす影響を評価することとしました。

本研究では、ユーモアが脳波と記憶に及ぼす影響を統合的に検討しました。心理学の分野では、ユーモアが学習促進に役立つことが提唱されていますが、ユーモアが学習における集中力にどのような影響を与え、学習を促すのかについてはほとんど知られていません。しかし、記憶のエンコーディングにおいて遅い$\gamma$帯域の脳波が増加することが報告されていることと、今回我々が示した結果から、ユーモアは遅い$\gamma$波を増強することで学習促進に有用であることが示唆されます。
さらに、ユーモア刺激による$\beta$波強度の増加も観察されました。$\beta$波の活動は視覚的注意と関連していることが知られていること、集中力の程度は体の動きで評価できることから、本研究の結果からは、ユーモアが$\beta$波強度の増加を介して集中度を高めている可能性が考えられます。

これらの結果は、ユーモアが学習に良い影響を与えるという
instructional humor processing theory を支持するものです。

※ J. Neuronet., 1028:1-13, 2020　http://neuronet.jp/jneuronet/007.pdf　　東京大学薬学部　池谷裕二教授

詳しい情報は
こちらをチェック！

# できたねシール

ドリルが1ページ終わったら、好きなシールをはりましょう。

⑤

コンピュータは
かしこいと思うかもしれんが,
正しく命令してあげなければ
動けないのじゃ。

だから人間が,問題を
解決するための正しい
プログラムをつくることが
大事なのじゃ。

⑥

筋道立てて,順序よく,
問題を解決できるように考える。
これがまさに
プログラミング的思考じゃ。

コンビニ行く
アイス買う
帰る
手を洗う
アイス食べる

バニラ

⑦

コンピュータを動かすだけでなく,
料理をするにも,
1日の計画を立てるにも,
キミの夢をかなえるにも,
プログラミング的思考は
きっと役に立つ。

⑧

さあ,
ページをめくって
始めるぞい!

# はじめに

みなさん，こんにちは。
本書を手にとってくれてありがとうございます。

近年，プログラミング教育が世界各地で注目を集めています。日本においても
2020年度から，すべての小学校でプログラミング教育を進めることになりまし
た。小学校ではプログラミングの体験をベースにして学習が進められています。

プログラミングは楽しい体験ですが，気をつけなければならないこともあります。
それは，小学校におけるプログラミング教育の目標は，プログラミング言語やプ
ログラミングのスキルを習得することではないということです。またプログラミン
グという教科もありません。

それでは何が目標なのでしょうか。それはプログラミング的思考と呼ばれるプロ
グラミングの考え方にもとづいた，ものごとを論理的に考える力を身に付けるこ
とです。プログラミング言語やスキルは時代とともに変化します。でも考える力
は色褪せません。これからの時代の主役であるみなさんにとって，とても大切な
力といえます。

本書では，コンピュータの操作を必要とせずに，プログラミングの際の考え方
を具体化して学ぶことができます。また問題を通じて，具体化されたプログラミ
ング的思考は，身近な生活場面にいくつも見つけられることに気づくでしょう。

ここまで，少々むずかしい話をしてきましたが，そうは言ってもあまりむずかしい
ことは考えずに，うんこドリルだからこそ，楽しみながら取り組んでみるのが一
番良いかもしれませんね。みなさんの成長を期待しています。

2021年11月
茨城大学　小林祐紀

# 家の中の<br>プログラミング

**はじめに**

**学習日**

月　　　日

できたね
シールを
はろう。

プログラミングされた
コンピュータが入っているものは,
今やいたるところにあるのじゃ。
コンピュータに囲まれて
生活しておるからのう。

例えば家の中。
多くのものに
使われておるぞい。

明るさを変えたり,
録画予約をしたりする。

時間を調節
しながら温める。

温度によって
強さを変える。

かたさを
変えてたく。

ゆかの具合に合わせて
すいこみ方を変える。

回す向きや
強さを変える。

絵の中にあるもの以外にも, プログラミングされたコンピュータが
入っているものを, キミの家の中で見つけてみよう。

プログラミングされたもの　　　　　　　　　はたらき

{　　　　　　　　} … {　　　　　　　　　　　　　　}

{　　　　　　　　} … {　　　　　　　　　　　　　　}

**はじめに**

# 町の中の プログラミング

できたね
シールを
はろう。

電車が近づくと
警報が鳴り,
しゃ断機が下りる。

人が近づくと開いて,
はなれると閉まる。

\ ウィーン /

駅などと連らくを
取りながら走る。

飲み物に合わせた
温度にする。
おつりを計算する。

速さに合わせて
ギヤを変える。
カーナビを使う。

時間ごとに
明かりをつけたり
消したりする。

絵の中にあるもの以外にも, プログラミングされたコンピュータが
入っているものを, 町の中で見つけてみよう。

プログラミングされたもの　　　　　はたらき

{　　　　　　} … {　　　　　　}

{　　　　　　} … {　　　　　　}

順番ややり方をうまく考えることができる
「プログラミング的思考」を
取り入れられるといいじゃろう。
きっと成功しやすくなるぞい。

# 順序
<ruby>順<rt>じゅん</rt></ruby> <ruby>序<rt>じょ</rt></ruby>

プログラミングを<ruby>支<rt>ささ</rt></ruby>える<ruby>基本的<rt>きほんてき</rt></ruby>な<ruby>要素<rt>ようそ</rt></ruby>の<ruby>一<rt>ひと</rt></ruby>つで，はじめに<ruby>決<rt>き</rt></ruby>められた<ruby>手順<rt>てじゅん</rt></ruby>を<ruby>順番<rt>じゅんばん</rt></ruby>に<ruby>実行<rt>じっこう</rt></ruby>することです。
コンピュータに<ruby>何<rt>なに</rt></ruby>かを<ruby>命令<rt>めいれい</rt></ruby>したいときには，<ruby>必要<rt>ひつよう</rt></ruby>な<ruby>手順<rt>てじゅん</rt></ruby>とその<ruby>正<rt>ただ</rt></ruby>しい<ruby>順<rt>じゅん</rt></ruby>を<ruby>考<rt>かんが</rt></ruby>えることが<ruby>大切<rt>たいせつ</rt></ruby>です。

<ruby>例<rt>たと</rt></ruby>えば　<ruby>学習場面<rt>がくしゅうばめん</rt></ruby>では，<ruby>正三角形<rt>せいさんかくけい</rt></ruby>をかくための<ruby>手順<rt>てじゅん</rt></ruby>の<ruby>考<rt>かんが</rt></ruby>え<ruby>方<rt>かた</rt></ruby>につながります。（３<ruby>年生<rt>ねんせい</rt></ruby>・<ruby>算数<rt>さんすう</rt></ruby>）

## 順序　道をふさいだものを　どかそう

できたね
シールを
はろう。

うんこと丸太と岩が道をふさいでいます。どれも重そうなので，
上から順にどかさなければなりません。どの順にどかせばよいですか。
（　　　）に番号を書きましょう。

岩　　　　　　　　うんこ　　　　　　　丸太

（　　　）　　　　　（　　　）　　　　　（　　　）

順序

# うんこ川に橋を
# かけよう

学習日

月　日

できたね
シールを
はろう。

うんこ川に橋をかけます。下から順につくらないといけません。

どの順につくればよいですか。

（　　　）に記号を書きましょう。

（　　　）➡（　　　）➡（　　　）

# うんこの谷を
# わたろう

はしごをかけて，うんこの谷をわたります。はしごをかけられる場所は，
⊢—⊣の印のところです。

はしごの長さをよく見て，わたる順に（　　　）に番号を書きましょう。
（１回使ったはしごは使えません。）

## 順序

# うんこのとうを
# つくろう

できたね
シールを
はろう。

ロボットたちがブロックを積んで，うんこのとうをつくっています。
きまり通りにできたとうの（　　　）に，○をかきましょう。

### きまり

・大きいブロックから順に積む。

・同じ大きさのブロックがあったときは，黄色 □ よりも
ピンク ▨ を下に，ピンクよりも 水色 ▨ を下にして積む。

・最後にうんこを積む。

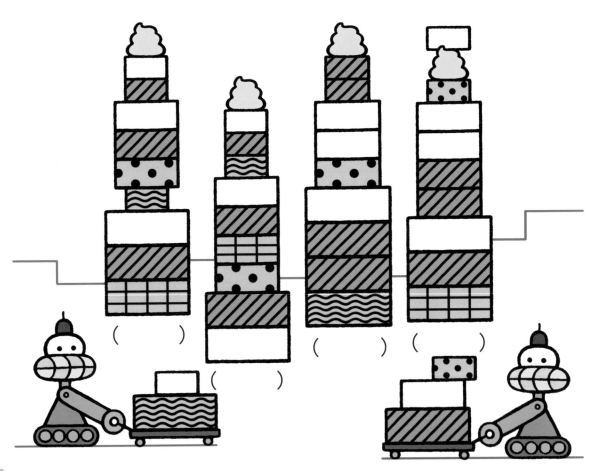

（　　　）

（　　　）

（　　　）　（　　　）

10

## 順序

# うんこカーを外に
# 出そう

学習日

月　　　日

できたね
シールを
はろう。

ちゅう車場にうんこカーが止まっています。うんこカーは，まっすぐにしか走れません。すべてのうんこカーが外へ出るには，どの順で出ればよいですか。

☐ に記号を書きましょう。

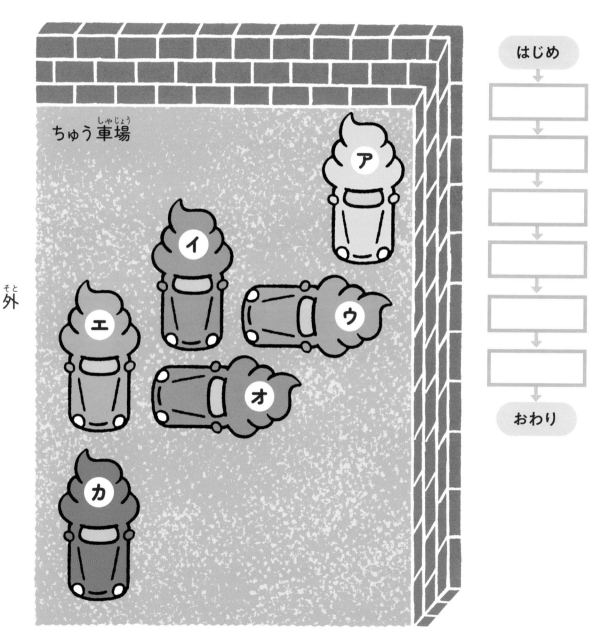

11

順序

# うんこの並べ方 ❶

5個のうんこがあります。

次の並べ方にしたときの順を,（　　　）に記号で書きましょう。

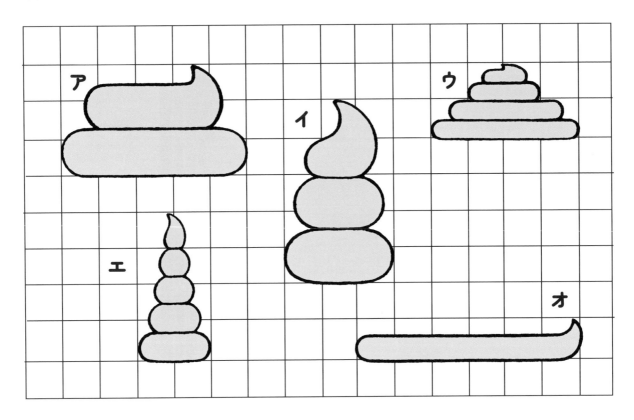

段が少ない　　　　　　　　　　　　　　　　　　　　　　段が多い

（　　　）➡（　　　）➡（　　　）➡（　　　）➡（　　　）

高さが低い　　　　　　　　　　　　　　　　　　　　　　高さが高い

（　　　）➡（　　　）➡（　　　）➡（　　　）➡（　　　）

横はばがせまい　　　　　　　　　　　　　　　　　　　横はばが広い

（　　　）➡（　　　）➡（　　　）➡（　　　）➡（　　　）

順序

# うんこ先生は どこに

できたね
シールを
はろう。

→ふろくのうんこ先生人形を使って考えましょう。

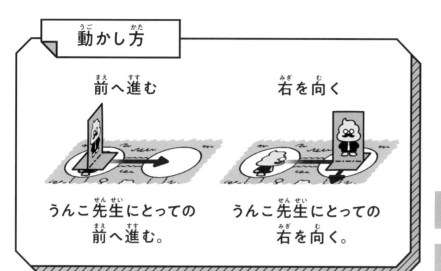

**動かし方**

前へ進む

うんこ先生にとっての
前へ進む。

右を向く

うんこ先生にとっての
右を向く。

下の順に動くと,
うんこ先生は
どこに行きますか。
（　　）に記号を
書きましょう。

はじめ

前へ進む

↓

右を向く

↓

前へ進む

↓

左を向く

↓

前へ進む

↓

（　　）

ア

イ

ウ

エ

13

# うんこ先生は どう動く ❶

順序

できたね
シールを
はろう。

→ふろくのうんこ先生人形を使って考えましょう。

うんこ先生が スタート から ゴール まで行くには，どう動いたらよいですか。
（　　　）に◯をかきましょう。

（　　　）　　　　（　　　）　　　　（　　　）　　　　　　　　　　（　　　）

| はじめ | はじめ | はじめ | | はじめ |
|---|---|---|---|---|
| 前へ進む | 右を向く | 前へ進む | 前へ進む | 前へ進む |
| 右を向く | 前へ進む | 前へ進む | 左を向く | 右を向く |
| 前へ進む | 左を向く | 右を向く | 前へ進む | 前へ進む |
| 右を向く | 前へ進む | 前へ進む | | 左を向く |
| 前へ進む | | 右を向く | | 前へ進む |
| | | | | 右を向く |
| | | | | 前へ進む |

14

# うんこ先生は どう動く ❷

学習日

月　日

できたね
シールを
はろう。

→ふろくのうんこ先生人形を使って考えましょう。

うんこ先生が スタート から ゴール まで行くには，どう動いたらよいですか。

☐ に記号を書きましょう。(あいているところしか通れません。)

スタート

ゴール

はじめ

前へ進む

↓

前へ進む

↓

↓

↓

↓

↓

前へ進む

前へ進む

↓

おわり

ア：前へ進む　　イ：右を向く　　ウ：左を向く

15

# く り か え し

プログラミングを支える基本的な要素の一つで，決められた処理をくりかえして行うことです。結果が求められるまで，決められた方法を何度もくりかえすこともあれば，一つの命令のまとまりを指定された回数だけくりかえすこともあります。

例えば　学習場面では，わり算の筆算の「たてる→かける→ひく→おろす」という計算の手順は，くりかえしの考え方といえます。（4年生・算数）

くり
かえし

# うんこの並べ方 ②

学習日

月　　　日

できたね
シールを
はろう。

うんこが，あるきまり通りに
並んでいます。
くりかえしの区切りを見つけて，
／をかきましょう。

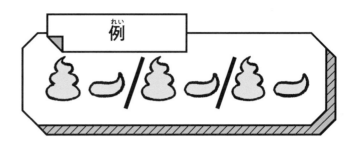

例

# うんこ先生の
# 持ち物の並べ方

学習日

月　　日

できたね
シールを
はろう。

うんこ先生の持ち物が，あるきまり通りに並んでいます。

当てはまるものを ［＿＿＿］ から選んで，｛＿｝ に記号を書きましょう。

きまりを
見つけるのじゃ。

ア：　　　　　イ：　　　　　ウ：

くり
かえし

18

# 重ねたうんこの
# ぬり方

くり
かえし

学 習 日

月　　　　日

できたね
シールを
はろう。

きまり通りに重ねたうんこに，模様をつけます。

➡ はどの模様になりますか。（　　）に記号を書きましょう。

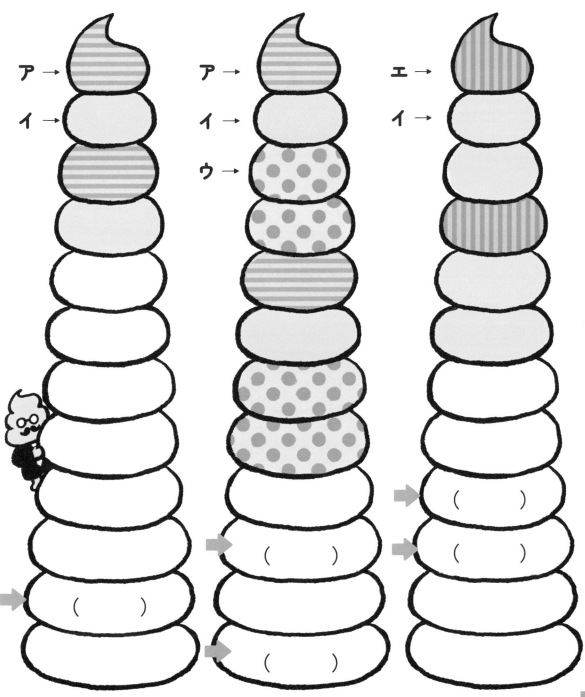

19

# 重ねたうんこの模様のかき方

学習日

月　日

できたね
シールを
はろう。

うんこに模様をかきます。
次のきまり通りにかきましょう。

**例**

○△を2回
くりかえす。

□○を3回
くりかえす。

○△□を2回
くりかえす。

○○△を3回
くりかえす。

○△△□を2回
くりかえす。

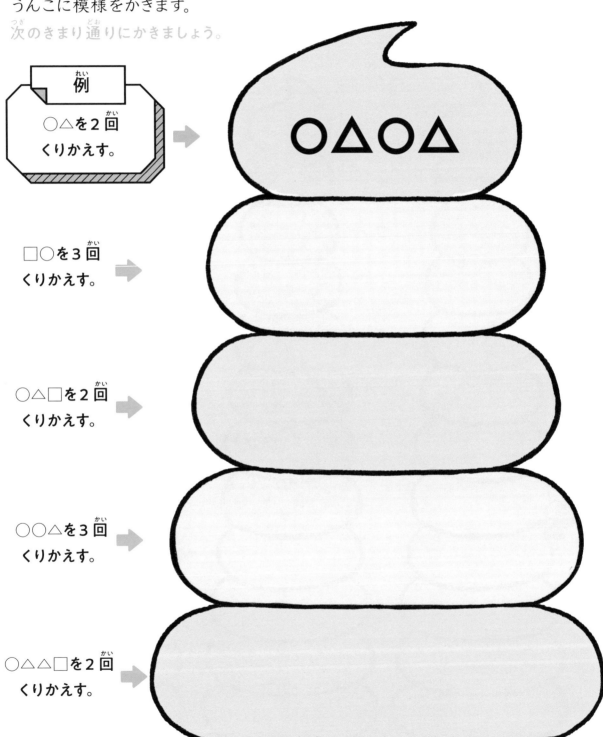

# きまり通りに文字を読もう ❶

🔲→読まない ⬜→読む というきまりで，くりかえしのきまり通りに文字を読みます。例えば 🔲⬜ は，「読まない」「読む」をくりかえすというきまりです。

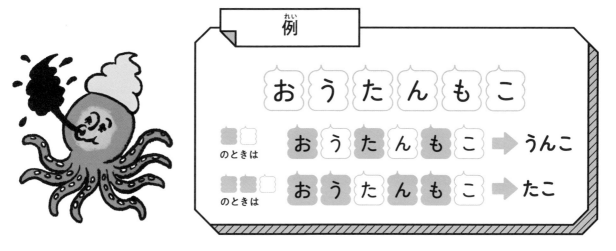

例

おうたんもこ

🔲⬜ のときは おうたんもこ ➡ うんこ

🔲🔲⬜ のときは おうたんもこ ➡ たこ

次の文字をきまり通りに読んで，（　）に読みを書きましょう。

うさんらこんやはさまんと

🔲⬜🔲 のときは　　（　　　　　　　　　　　　）

🔲🔲 のときは　　（　　　　　　　　　　　　）

🔲⬜🔲🔲 のときは（　　　　　　　　　　　　）

21

# きまり通りに文字を読もう ❷

 学習日

月　日

できたね
シールを
はろう。

■→読まない □→読む というきまりで，くりかえしのきまり通りに文字を読みます。例えば ■□ は，「読まない」「読む」をくりかえすというきまりです。

どのくりかえしのきまりで読んだものですか。●と■を線でつなぎましょう。

か か わ り い て い る う は ん こ こ

　●

■ かわいてるうんこ

　●

■ かわいいうんこ

■□□　●

■ かりてるはこ

くり
かえし

# うんこ谷をわたろう

学習日

月　　日

できたね
シールを
はろう。

→ふろくのうんこ先生人形を使って考えましょう。

うんこ先生が，橋を通ってうんこ谷をわたります。

どんな動きをくりかえせばよいですか。

▢に記号を書きましょう。

はじめ

2回 くりかえす

前へ進む

▢

▢

▢

▢

▢

ここまで

おわり

ア：前へ進む

イ：右を向く

ウ：左を向く

# うんこダンスを
# おどろう

うんこダンスのふりつけを，言葉に直してプログラミングします。
┆┄┄┆から選んで，▢に記号を書きましょう。

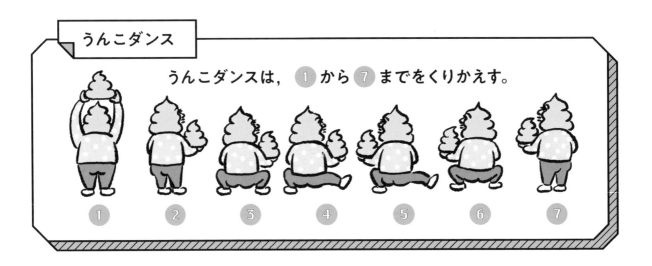

うんこダンス

うんこダンスは，① から ⑦ までをくりかえす。

① ② ③ ④ ⑤ ⑥ ⑦

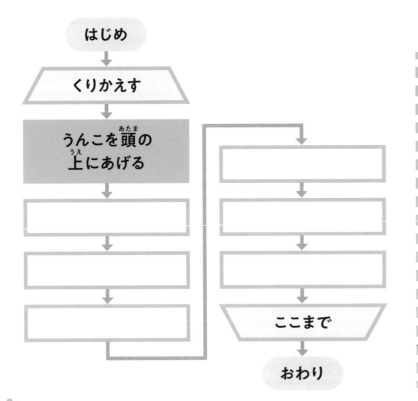

はじめ

くりかえす

うんこを頭の
上にあげる

ここまで

おわり

ア：うんこを右手で
持つ

イ：うんこを左手で
持つ

ウ：立つ

エ：しゃがむ

オ：右足を出す

カ：右足を引っこ
める

24

# ロボットに命令しよう

くり
かえし

学習日

月　日

できたね
シールを
はろう。

下のロボットに次の命令をしたら，どこで止まりますか。
（　　）に記号を書きましょう。

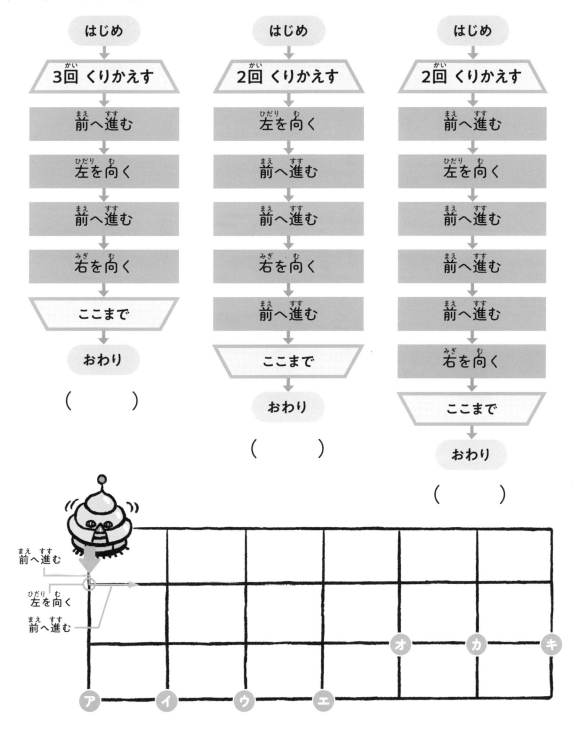

はじめ

3回 くりかえす

前へ進む

左を向く

前へ進む

右を向く

ここまで

おわり

（　　　　）

はじめ

2回 くりかえす

左を向く

前へ進む

前へ進む

右を向く

前へ進む

ここまで

おわり

（　　　　）

はじめ

2回 くりかえす

前へ進む

左を向く

前へ進む

前へ進む

前へ進む

右を向く

ここまで

おわり

（　　　　）

前へ進む
左を向く
前へ進む

ア　イ　ウ　エ　オ　カ　キ

25

# 場合分け

プログラミングを支える基本的な要素の一つで，ある条件を満たす場合はこちらの処理を，満たさない場合は別の処理をというように二つに分かれて考えるタイプや，複数の中から一つの処理を選ぶタイプがあります。

 **例えば** 日常生活でも，「雨が降っているという条件のときには，長ぐつをはいて，かさを差す」というように考えることができます。

# 条件に当てはまる うんこ ❶

場合分け

学習日

月　　日

できたね
シールを
はろう。

下の条件がすべて当てはまるうんこを選んで，〇で囲みましょう。

**条件**

- 4段
- 赤いところ ■ がある
- しま模様

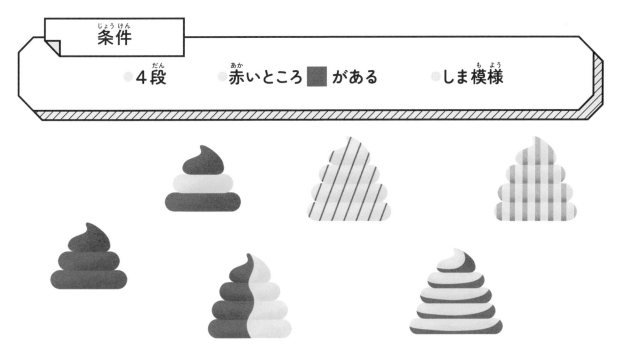

下の条件が1個でも当てはまるうんこを，すべて〇で囲みましょう。

**条件**

- 3段
- 青いところ ■ がある
- 水玉模様

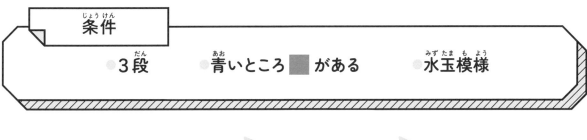

# 条件に当てはまる うんこ ❷

次の条件に合う皿の ◻ に，〇をかきましょう。

---

### 条件

● 赤いところ ■ のあるうんこが，2個ある。

● しま模様うんこが，2個ある。　　● 3段うんこが，3個ある。

---

# うんこの出方と ネクタイの模様

学習日

月　　日

できたね
シールを
はろう。

うんこ先生は，朝出たうんこによって，ネクタイの模様を変えることにしました。

## 決めたこと

● たくさん出た…………水玉　　　● まあまあ出た…………星

● 少ししか出なかった…しましま　● 前の日と同じ…………模様なし

次のうんこ先生を見て，たくさん出た日の（　　）に◎，
まあまあ出た日の（　　）に〇をかきましょう。

（　　）　　（　　）　　（　　）　　（　　）

（　　）　　（　　）　　（　　）　　（　　）

# 天気とうんこと服装

できたね
シールを
はろう。

うんこ先生は，遊びに行くときの服装を，下のように決めました。

**決めたこと**

晴れ…………半そで

くもり………ちょうネクタイをする

雨…………ネクタイをする

うんこが大きかった日……黒のズボン

うんこが小さかった日……しまのズボン

うんこをしなかった日……水玉のズボン

どんな日を表していますか。 ● と ■ を線でつなぎましょう。

| 晴れで，うんこが小さかった。 | 晴れで，うんこが大きかった。 | 雨で，うんこをしなかった。 | 雨で，うんこが小さかった。 | くもりで，うんこが大きかった。 | くもりで，うんこをしなかった。 |

場合
分け

# 条件に当てはまる
# うんこ先生

どのうんこ先生の説明ですか。
（　）に記号を書きましょう。

- 乗り物に乗っている。
- うんこの旗がある。　　（　　　）
- うんこをしている。

- 歩いている。
- うんこの旗がない。　　（　　　）
- うんこを持っているけれど，
  うんこをしていない。

ア

イ

ウ

エ

オ

カ

キ

ク

31

# 場合分け

# さいころの目

学習日

月　　日

できたね
シールを
はろう。

うんこ先生がさいころを2個ふって，出た目の数だけ A → B → C と進みました。
出た目は，1から4までが1回ずつ，6が2回でした。
A，B，C では，それぞれどの目が出ましたか。

に数字を書きましょう。

下のような
目が出たぞい。

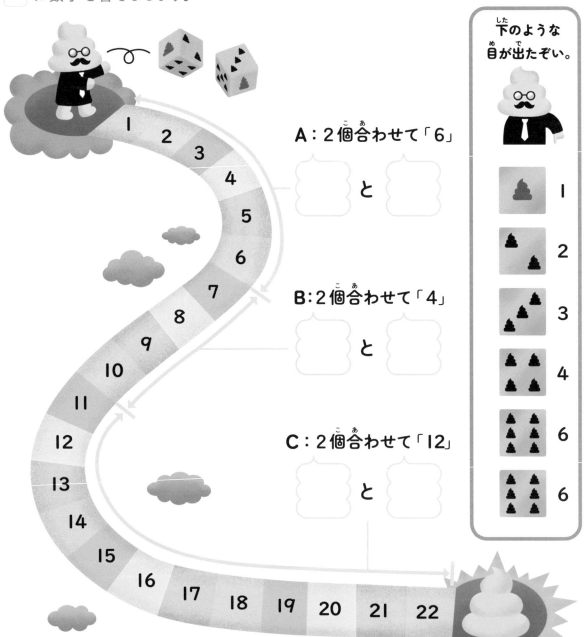

A：2個合わせて「6」

［　］と［　］

B：2個合わせて「4」

［　］と［　］

C：2個合わせて「12」

［　］と［　］

32

場合
分け

# 自動はん売機で
# 売られるうんこ

できたね
シールを
はろう。

自動はん売機で，１個150円のうんこが売られています。どんなプログラミングになっていますか。 ........ から選んで， ⌇⌇⌇⌇ に記号を書きましょう。

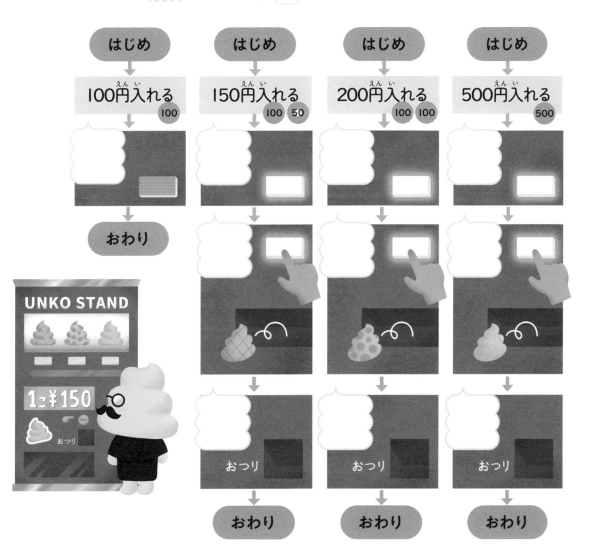

**ア**：おつりを50円出す。　　**イ**：おつりを350円出す。

**ウ**：おつりを出さない。　　**エ**：ボタンをおせる。

**オ**：ボタンをおせない。　　**カ**：おされたボタンのうんこを出す。

# うんこそうじ
# ロボット

場合
分け

うんこそうじロボットをプログラミングしました。

このロボットは，落ちているうんこを拾って頭のかごに入れます。

そうじができるように，[____]から選んで，[___]と[___]に記号を書きましょう。

はじめ

はい　前へ進む　いいえ

↓ はい

うでを前に出す

うでを上げる

うでを下げる

うでを後ろに引く

まだうんこがある

↓ いいえ

おわり

ア：うんこが頭にある

イ：目の前にうんこがある

ウ：止まる

エ：うでを上げる

オ：うでを下げる

カ：うんこをかごに入れる

キ：うんこを拾う

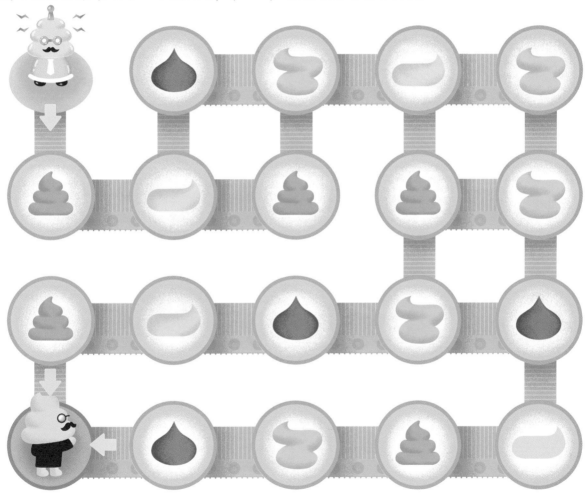

# うんこ先生ロボット

→ふろくのうんこ先生人形を使って考えましょう。

うんこ先生が，いくつかの命令を組み合わせて，ロボットを自分のいるところまで動かしました。どんなプログラミングをしましたか。

当てはまる命令をすべて選んで，（　　　）に○をかきましょう。

（　　）🍦と💩はまっすぐ進む。　（　　）🍦と💩以外はまっすぐ進む。

（　　）💩は右へ曲がる。　（　　）💩は左へ曲がる。

（　　）💩は右へ曲がる。　（　　）💩は左へ曲がる。

# デバッグ

つくったプログラムの不具合を見つけることです。プログラムの不具合，まちがいのことをバグ（bug）といいます。バグは，もともと「虫」を意味する言葉です。コンピュータの中に虫がはさまってしまい，不具合を起こしたことがあったことから，名付けられたといわれています。

**例えば** 日常生活では，レシピ通りに料理を作ったはずなのに，見た目がちがったり味がちょっとおかしかったりするときに，手順や分量などを見直すことがデバッグの考え方です。

# デバッグ

## うんこぬまに落ちないように

学習日

月　　日

できたね
シールを
はろう。

うんこ先生が下の順番通りに歩いたら，１つだけまちがえてしまったので，うんこぬまに落ちてしまいました。どこをまちがえなければ， **ゴール** に行けましたか。まちがえたところの（　　）に×をかきましょう。

**はじめ**

↓

前へ進む　（　　）

↓

前へ進む　（　　）

↓

左を向く　（　　）

↓

前へ進む　（　　）

↓

左を向く　（　　）

↓

前へ進む　（　　）

↓

右を向く　（　　）

↓

前へ進む　（　　）

↓

左を向く　（　　）

↓

前へ進む　（　　）

↓

前へ進む　（　　）

↓

**おわり**

スタート

ゴール

# デバッグ

# うんこ山までの道

うんこ先生は，[スタート]から[ゴール]のうんこ山まで進むめいろの
プログラミングをつくりました。しかし，1つまちがえてしまいました。
どこを直したらよいですか。まちがえたところの（　　）に正しい矢印をかきましょう。

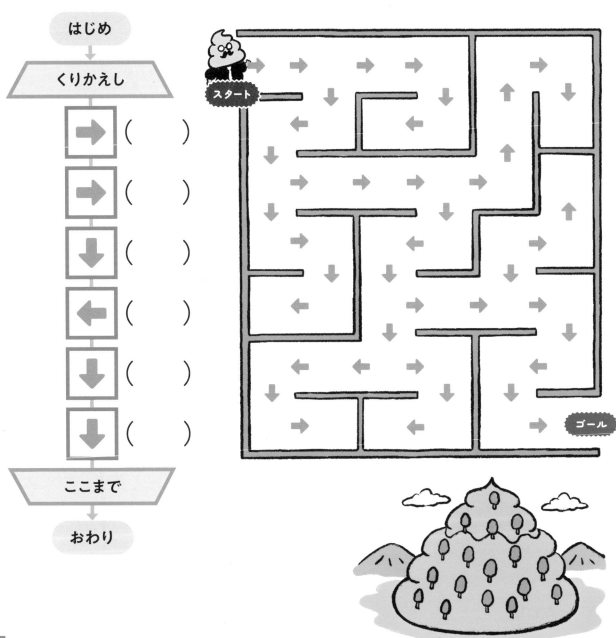

デバッグ

# カードの並べ方

きまり通りにカードが並んでいますが, それぞれ1つずつまちがえたところがあります。

まちがえている（　　）に×をかき,

その下のあいているところに, 正しいものをかきましょう。

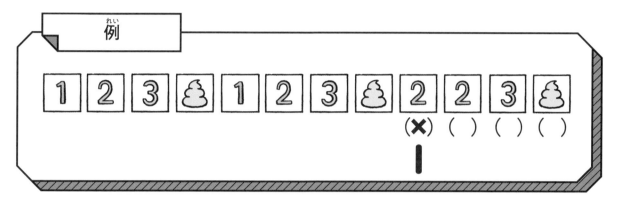

どんなきまりで
並んでいるかが
わかるかのう。

39

# うんこ島を正しくわたろう

学習日

月　日

できたね
シールを
はろう。

ロボットがすべてのうんこ島を1回ずつわたってうんこ先生のところに来るように，道順をプログラミングしました。しかし，まちがいを1つ見つけました。

まちがえたところの（　　）に，正しい矢印をかきましょう。

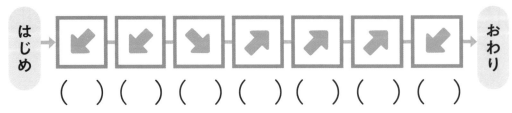

デバッグ

# ロボットへの
## 命令書

ロボットにうんこを捨てさせるために，
言葉のきまりをつくり，命令を書いた紙をわたしました。

## きまり

| | 1 | 2 | 3 | 4 | 5 |
|---|---|---|---|---|---|
| A | あ | い | う | え | お |
| B | か | き | く | け | こ |
| C | さ | し | す | せ | そ |
| D | た | ち | つ | て | と |
| E | な | に | ぬ | ね | の |
| F | は | ひ | ふ | へ | ほ |
| G | ま | み | む | め | も |
| H | や | | ゆ | | よ |
| I | ら | り | る | れ | ろ |
| J | わ | | を | | ん |

### 例

| 1・A→あ | 1・B→か |
|---|---|
| 2・A→い | 2・B→き |
| 3・A→う | 3・B→く |
| ⋮ | ⋮ |

ところがロボットは，うんこを見たままで
動きませんでした。命令のどこが
まちがっていたのでしょうか。
まちがいを1つ見つけて，見本のように
直しましょう。

### 見本

| 「あ」ではなく | 1 A |
|---|---|
| 「い」のとき | （2・A） |

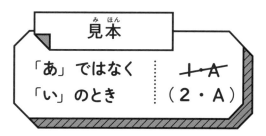

## 【うんこ先生がロボットにわたした命令】

|  3・A | 5・J | 5・B |
|---|---|---|
| （ 　・　 ）→（ 　・　 ）→（ 　・　 ） | | |

| 3・J | 2・G | 4・D |
|---|---|---|
| →（ 　・　 ）→（ 　・　 ）→（ 　・　 ） | | |

| 5・I |
|---|
| →（ 　・　 ） |

# うんこを正しく箱づめしよう

つぎつぎにつくられているうんこを，ロボットが6個ずつ箱づめしています。プログラミングは下の通りですが，**ア**と**イ**のロボットは，それぞれプログラムが1つずつぬけていて失敗していました。絵を見て，ぬけたプログラムの番号を（　　　）に書きましょう。

**ア**

（　　　）

**イ**

（　　　）

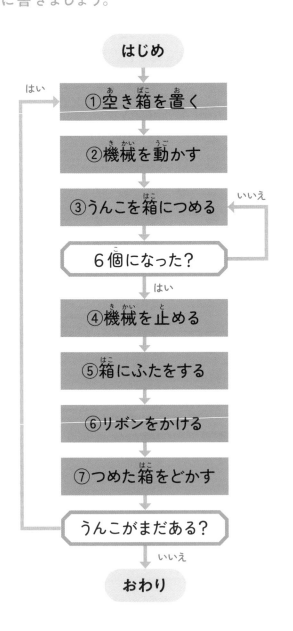

はじめ

はい

①空き箱を置く

②機械を動かす

いいえ

③うんこを箱につめる

6個になった？

はい

④機械を止める

⑤箱にふたをする

⑥リボンをかける

⑦つめた箱をどかす

うんこがまだある？

いいえ

おわり

## デバッグ うんこ走りロボットを トイレに

うんこ先生は，うんこ走りロボットを
マラソン大会に出場させました。
うんこをきちんとトイレでできるように
プログラミングしたつもりでしたが，
うまくいきませんでした。
まちがった矢印2個に×をかき，
正しい矢印と「はい」「いいえ」を
かき足しましょう。

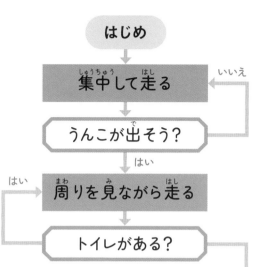

はじめ

集中して走る　いいえ

うんこが出そう？　はい

周りを見ながら走る　はい

トイレがある？

トイレに入る

うんこをする　いいえ

集中して走る　いいえ

ゴールをすぎた？　はい

止まる

おわり

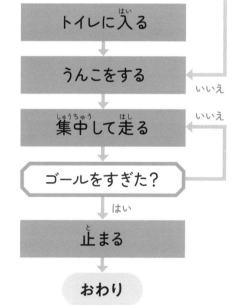

43

# 真偽値
しんぎち

ものごとをYESとNOの組み合わせで考えることです。また，YESかNOかの結果によって，そのあと
に続く処理を分けることを「条件分岐」といいます。

 例えば　自動で明かりがつく「明るさセンサー」を動かすための，「人がいるかどうかを感知してYES
なら明かりをつける，NOなら明かりを消す」というプログラムが当てはまります。

# うんこ工場の合格うんこ

真偽値

うんこ工場でさまざまなうんこがつくられました。ただし，合格のうんこには，次のようなきまりがあります。

きまり通りにできなかったうんこに×をかきましょう。

| きまり | |
| --- | --- |
| うんこの向き | 真上 |
| うんこの段 | 3段 |

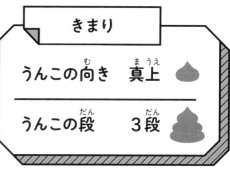

真偽値

# うんこほりロボット

うんこほりロボットに収かくさせます。
収かくするのは，うんこの実を2個以上つけたもの，
または，うんこいもを3個以上つけたものです。
収かくするものをすべて選んで，〇で囲みましょう。

例

うんこの実

うんこ
いも

# 「うんこことば」を見つけよう

できたね
シールを
はろう。

「う」「ん」「こ」の3文字すべてが
ふくまれている言葉を,
「うんこことば」と決めました。
うんこことばをすべて選んで,
〇で囲みましょう。

> ### 例
>
> こんじょう ……うんこことば
>
> たんこぶ　……うんこことばではない

| | |
|---|---|
| はんこ | あんこう |
| ぎんこう | こんにちは |
| うんどうかい | ばんそうこう |
| おうさまいんこ | こんちゅう |
| わんこそば | こううんき |

**よく見て探すのじゃ。**

47

# 真偽値

# うんこが見られる天気

学習日

月 日

できたね
シールを
はろう。

天気の呼び方を，次のようなきまりで決めました。

## きまり

うんこの形の雲が出た日 ……………………うんこ日

うんこ日のうち，家の屋根にうんこが見られる日 …真うんこ日

真うんこ日のうち，うんこが飛ぶほど風が強い日 …猛うんこ日

下の絵を見て，うんこ日に1，真うんこ日に2，猛うんこ日に3，
どちらでもない日に×を，（　　）にかきましょう。

48

真偽値

# うんこデザインに
# 合格しよう

右の条件の並び方のどちらかが，
あわせて3つ以上あるものが，
うんこデザインに合格したものです。

合格したものの（　　）に〇をかきましょう。

## 条件

上から下への並び

左から右への並び

（　　）

（　　）

（　　）

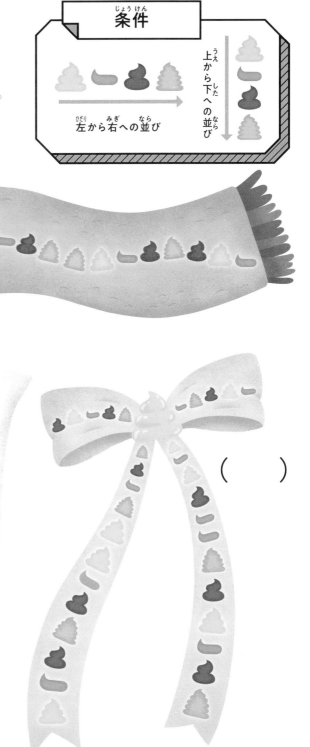

（　　）

# うんこ先生 フィギュアのにせ物

うんこ先生フィギュアのにせ物を発見！
調べると，メガネ，ひげ，頭のてっぺんの向きの
どれかが，本物とちがうことがわかりました。

本物

ア　イ　ウ　エ

左のフローチャートを使って，
にせ物と本物を分けることにしました。

□ に記号を書きましょう。

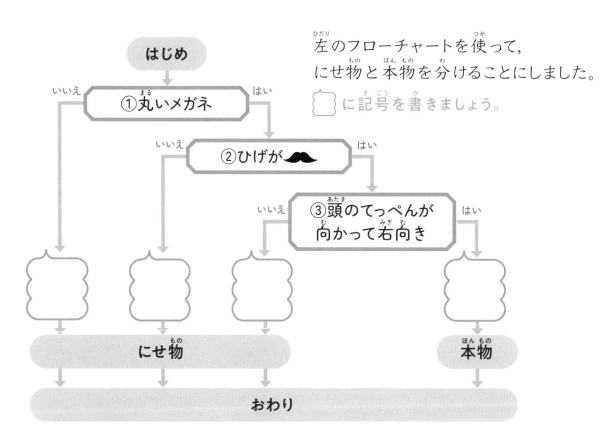

真偽値

# うんこ界のアイドル

学習日

月　日

できたね
シールを
はろう。

うんこ界のアイドルを決めることになりました。しんさの決め手は▢▢▢の A，B，C です。A，B，C は ①②③ の，どれに当てはまりますか。（　　）に記号を書きましょう。

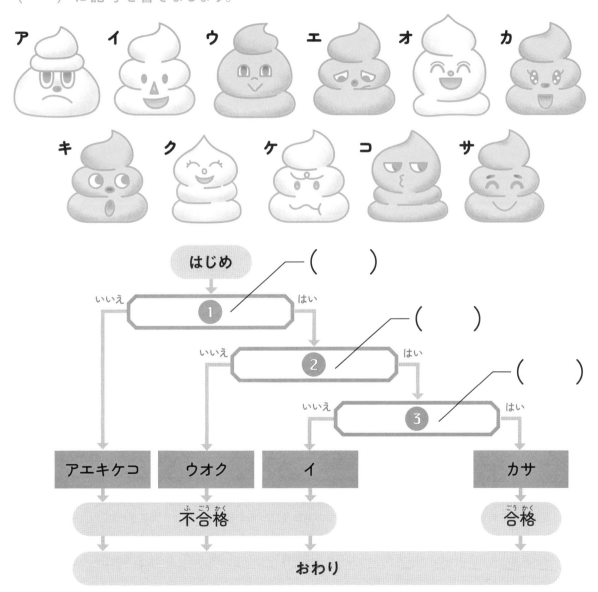

A：3段の高さが同じ　　B：えがお　　C：色がこい

51

# 抽象化
ちゅう しょう か

ものごとを性質や手順によってまとまりにして，名前を付けることです。別の見方をすれば，ものごとの重要な部分や性質を見いだすことでもあります。とても多くの要素からできている現実の世界をコンピュータの世界であつかうためには，抽象化して整理することが必要です。さらに整理した後には，データの形で表現することも重要になってきます。

例えば　学習場面では，「えん筆」「消しゴム」「ものさし」を「文ぼう具」，「ヒマワリ」「アサガオ」「バラ」を「花」というように，まとめて表すことは抽象化の考え方です。（1年生・国語）

抽象化

# うんこかい人の 特ちょう

できたね
シールを
はろう。

うんこかい人が現れた！ うんこかい人の特ちょうを正しく言い当てている
数が多いのはだれですか。

（　　　）に〇をかきましょう。

● こわそう。
● 歯がたくさんある。
● 鼻の穴が丸い。
● 速く走れなさそう。

● うんこをしている。
● 手を挙げている。
● 口を閉じている。
● 弱そう。

● 頭がうんこの形。
● 歯が多く見えている。
● 目の両はしまでより
　口の方が長い。
● 顔から手足が出ている。

（　　　）

（　　　）

（　　　）

だれが聞いても同じことを思いうかべ
られるのが「特ちょう」なのじゃ。

抽象化 仲間分けをしよう ❶

学習日
（がくしゅうび）
月（がつ）　日（にち）
できたね
シールを
はろう。

次の仲間分けに当てはまるものを ┊┈┈┊ から選んで，（　　）に記号を書きましょう。

乗りもの　…………………………… （　　）（　　）（　　）

生きもの　…………………………… （　　）（　　）（　　）

空を飛んでいるもの　……………… （　　）（　　）（　　）

水面で使う（水面にいる）もの　… （　　）（　　）（　　）

「ぼ」がつくもの　………………… （　　）（　　）（　　）

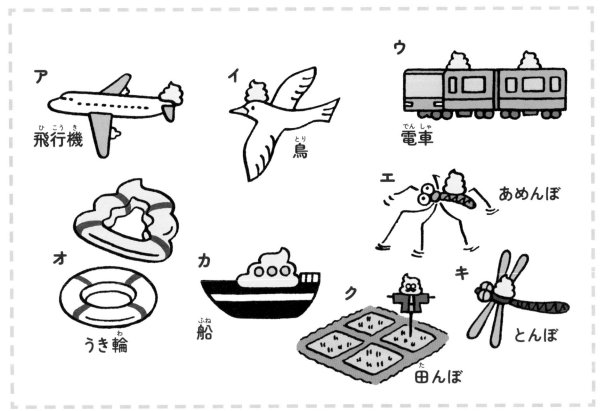

ア　飛行機（ひこうき）
イ　鳥（とり）
ウ　電車（でんしゃ）
エ　あめんぼ
オ　うき輪（わ）
カ　船（ふね）
ク　田んぼ（た）
キ　とんぼ

抽象化

# 仲間分けをしよう ❷

できたね
シールを
はろう。

3つのものがすべてもっている
特（とく）ちょうは，それぞれ何（なん）ですか。
（　　　）に言葉（ことば）を書（か）きましょう。

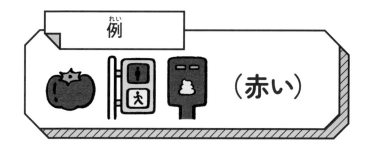

例（れい）

（赤い）

  　（　　　　　　　）

  　（　　　　　　　）

  　（　　　　　　　）

  　（　　　　　　　）

  　（　　　　　　　）

# 抽象化　うんこのランクづけ

うんこを形によって右のように
ランクづけしました。

次のうんこが ① ～ ⑥ のどれに
当てはまるか,（　　）に
番号を書きましょう。

きまり

| | |
|---|---|
| 3段以上 | ① |
| 2段以上 | ② |
| 1周している | ③ |
| 曲がっている | ④ |
| 先がとがっている | ⑤ |
| どれでもない | ⑥ |

（　　）
（　　）
（　　）
（　　）
（　　）
（　　）
（　　）
（　　）
（　　）
（　　）

抽象化

# うんこの グループ分け

たくさんのうんこを，3つのグループに分けました。
それぞれどんなうんこのグループですか。

▢▢▢から選んで（　　　）に記号を書きましょう。

① （　　　）　　② （　　　）　　③ （　　　）

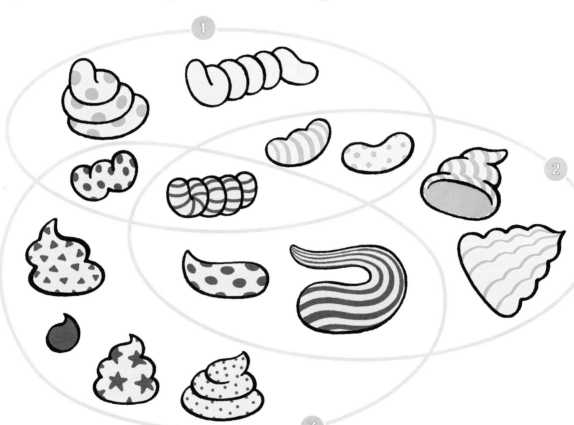

ア：赤いところがある ■　　イ：青いところがある ▨　　ウ：長い

エ：短い　　　　　　　　オ：しま模様　　　　　　カ：水玉模様

キ：先が丸っこい　　　　ク：横向きになっている

抽象化

# 仲間分けをしよう ❸

学 習 日

月　　　日

できたね
シールを
はろう。

下の ①〜⑧ の図を，次のように仲間分けしました。
どういう理由で仲間分けしたか，□□□□ から選んで記号を書きましょう。

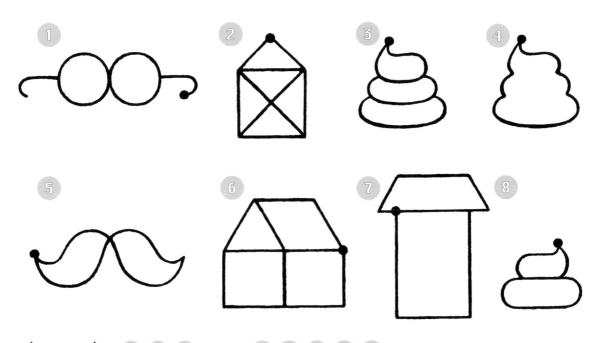

（　　　）③ ④ ⑧　と　① ② ⑤ ⑥ ⑦

（　　　）④ ⑤ ⑦　と　① ② ③ ⑥ ⑧

（　　　）② ⑥ ⑦　と　① ③ ④ ⑤ ⑧

**ア**：うんこ先生の持ち物と，そうでないもの

**イ**：・から始めて一筆書きできるものと，できないもの

**ウ**：うんこと，そうでないもの

**エ**：直線だけのものと，曲がった線のあるもの

# うんこ積み木をタイプ分け

**ア**～**カ**のうんこ積み木をタイプごとに分けようとして，
下のようなフローチャートをつくりました。
①～④に，積み木の記号を書きましょう。

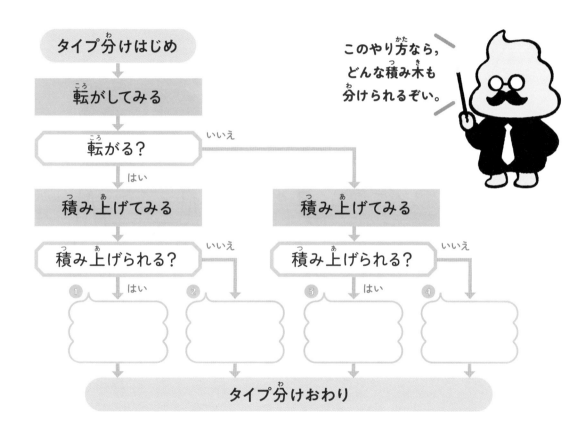

このやり方なら，
どんな積み木も
分けられるぞい。

タイプ分けはじめ

転がしてみる

転がる？　いいえ

はい

積み上げてみる　　　　　　積み上げてみる

積み上げられる？　いいえ　　積み上げられる？　いいえ

①　はい　　②　　　③　はい　　④

タイプ分けおわり

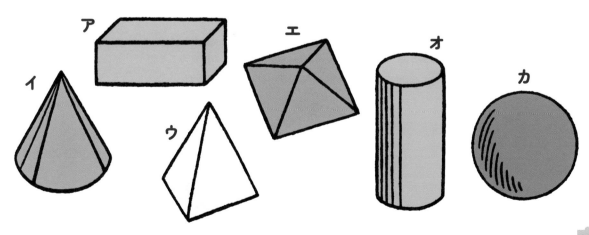

ア　イ　ウ　エ　オ　カ

# アルゴリズム

何かの目的を達成するため，達成させるための，ひとかたまりの手順のことです。どのような命令を
どのような順で実行するか，という考え方です。

 例えば 一つ一つの命令は順序や場合分けなどの内容であっても，全体をひとかたまりとして見たと
きの命令を「アルゴリズム」と呼ぶことになります。

アルゴリ
ズム

# 重いうんこを調べよう

学習日

月　日

できたね
シールを
はろう。

4つのロボットが，**ア～オ**の中でいちばん重いうんこを調べました。すべての
ロボットが，「**エ**がいちばん重い」と言いました。回数がいちばん少ない調べ方で，
正しく調べることができているのは，どのロボットですか。
いちばん少ない回数で，正しく調べているロボットの（　　）に〇をかきましょう。

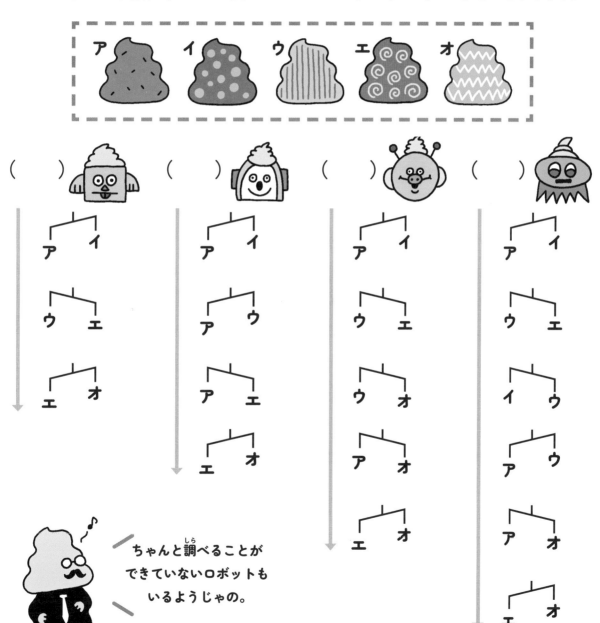

ちゃんと調べることが
できていないロボットも
いるようじゃの。

# うんこ大図書館までの進み方

うんこ先生が，スタートからうんこ大図書館まで進みます。

遠回りしない行き方が，3通りあります。

（　）に道の記号を書きましょう。

また，3通りのうちで，お店を2件通る行き方の◯に，◯をかきましょう。

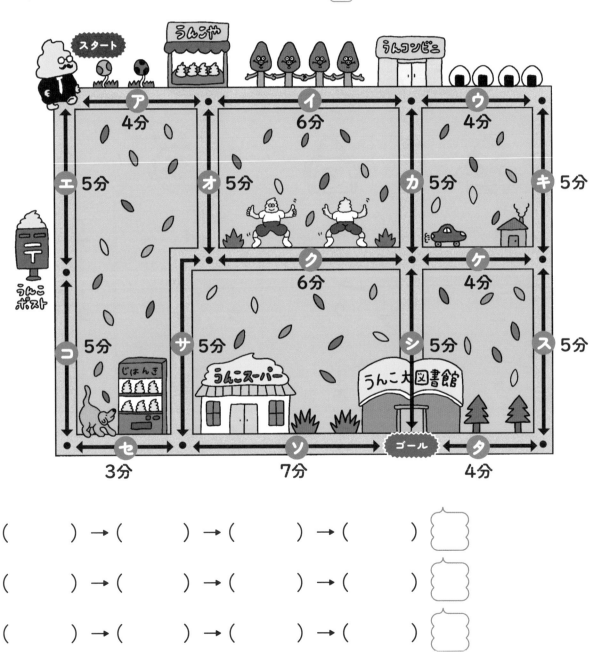

（　　　）→（　　　）→（　　　）→（　　　）

（　　　）→（　　　）→（　　　）→（　　　）

（　　　）→（　　　）→（　　　）→（　　　）

# うんこタンクに水を入れよう

**アルゴリズム**

うんこタンクに水を8L
入れます。パイプの分かれ
道では，水がちょうど
半分に分かれて，
右のように出てきます。

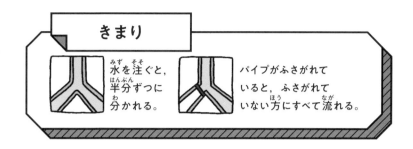

**きまり**

水を注ぐと，半分ずつに分かれる。

パイプがふさがれていると，ふさがれていない方にすべて流れる。

（　　）に数を書きましょう。

どこもふさがないと，水はA，Bからそれぞれ何L出ますか。

A（　　）L　　　B（　　）L

ウのパイプをふさぐと，水はA，Bからそれぞれ何L出ますか。

A（　　）L　　　B（　　）L

アとイのパイプをふさぐと，水はA，B，C，Dからそれぞれ何L出ますか。

A（　　）L　　　B（　　）L　　　C（　　）L　　　D（　　）L

アルゴリズム

# うんこの並べかえ

学習日　月　日

できたね シールを はろう。

→ふろくのうんこを使って考えましょう。

うんこが左から，黄色，赤，青の順に並んでいます。これを左から，青，黄色，赤の順に並べかえるために，2通り考えました。

□にア～エの記号を書きましょう。

はじめ
↓
青うんこを□に置く
↓
赤うんこをウに置く
↓
黄色うんこを□に置く
↓
青うんこを□に置く
↓
おわり

はじめ
↓
赤うんこを□に置く
↓
黄色うんこを□に置く
↓
青うんこを□に置く
↓
赤うんこを□に置く
↓
おわり

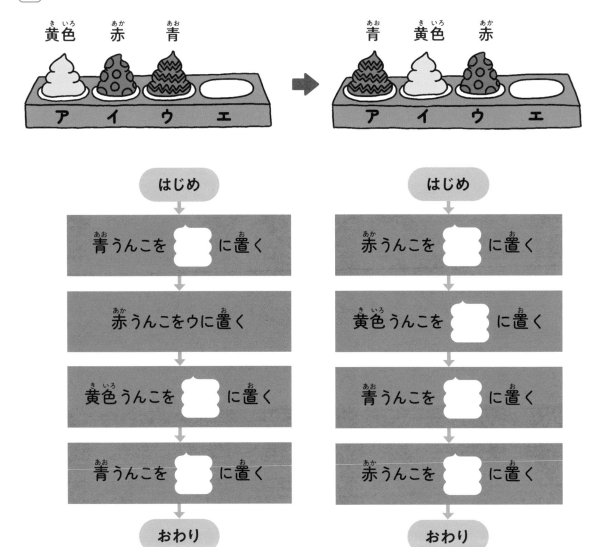

# うんこを並べよう

縦，横，ななめの線でつながっているところの数をたすと7になるように，29個のうんこを置きました。

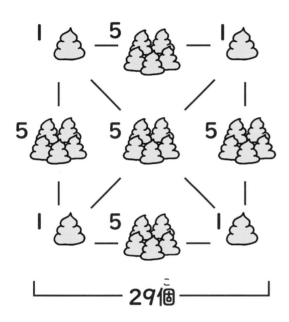

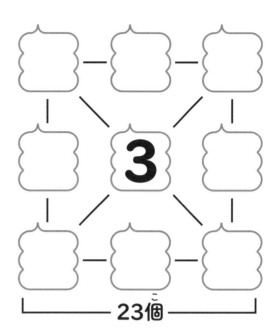

しかしうんこ先生は，23個のうんこでも，17個のうんこでも，線でつながっているところをたすと7になる置き方があることに気づきました。

◯に，うんこの数を書きましょう。

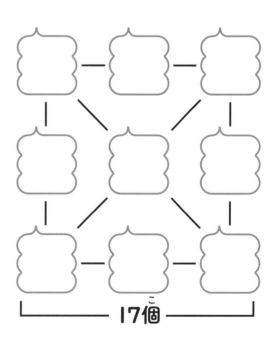

## アルゴリズム

# うんこを通って進もう

学習日

月　　日

できたね
シールを
はろう。

ロボットを，スタート から ゴール まで動かします。
1回通った道を通らずに，なるべくたくさんのうんこを通るようにするには，
どう動かせばよいか方法を考えて，例のように □ に矢印をかきましょう。

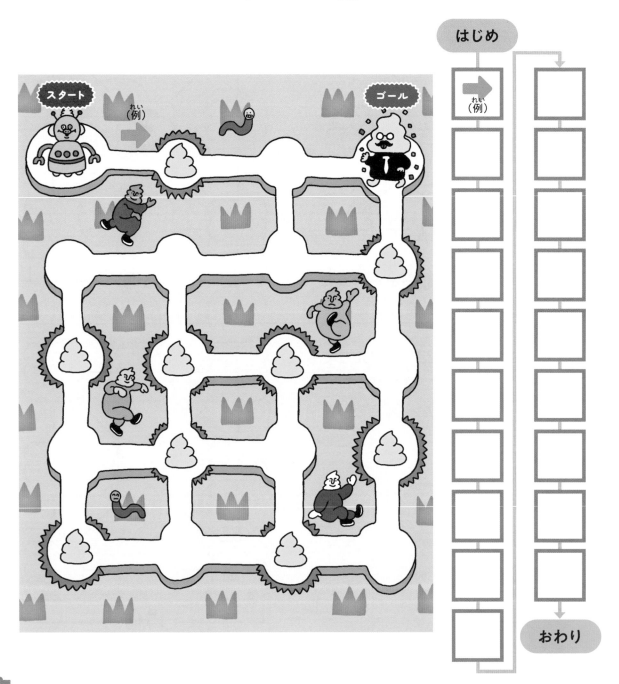

はじめ

(例)

おわり

# アルゴリズム

# 同じ色のうんこをもらおう

並んだうんこにふたをかぶせました。
1つずつ順に開けていって，同じ色がそろったらもらえます。
（　　）に記号を書きましょう。

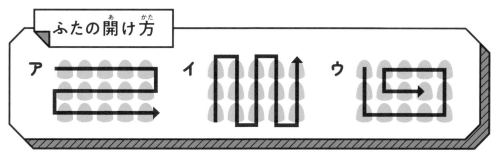

ふたの開け方

ア　イ　ウ

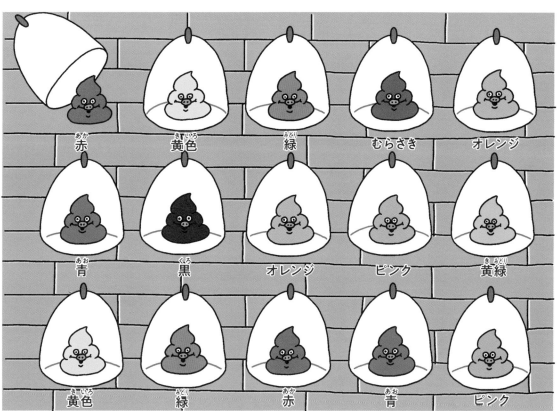

いちばん早く同じ色が1組そろうのは，どの開け方ですか。（　　　　）

いちばん早く同じ色が2組そろうのは，どの開け方ですか。（　　　　）

67

# アルゴリズム

# うんこを持って こさせよう

学習日

月　　　日

できたね
シールを
はろう。

うんこを持ってくるようにロボットに命令を出します。
それぞれの通り道は，ロボットにどんな命令を出したときのものですか。
（　　）に記号を書きましょう。

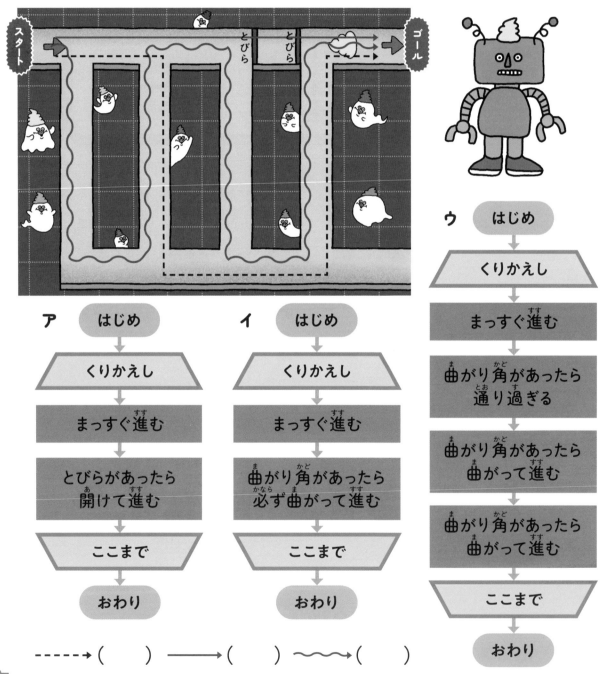

------→ (　　　) ——→ (　　　) 〜〜〜→ (　　　)

# うんこパトロール ロボの進み方

うんこパトロールロボが，すべての部屋を1回ずつ通って進みます。
今，からまで，10回曲がって進むようにプログラムしました。
しかし，7回曲がる進み方にも，6回曲がる進み方にもできると，
うんこ先生が言っています。
下の図に，進み方をかきこみましょう。

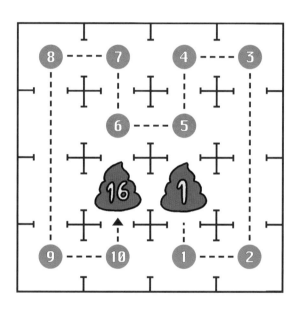

いろいろな行き方があるが，
部屋を1回ずつ通るいろいろな
行き方を調べるのじゃ。

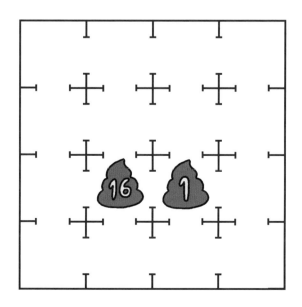

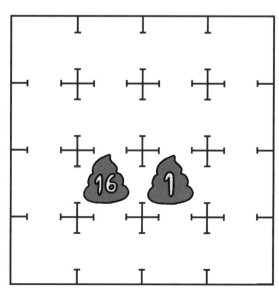

# 世界一周
# うんこ旅行

まとめ

できたね
シールを
はろう。

うんこ先生が世界一周うんこ旅行に行くことにしました。日本からスタートして
　▶の方向に，日本に近いところから順に，★をすべてめぐります。
めぐる順になるように，地図を見て □ に国の名前を書きましょう。

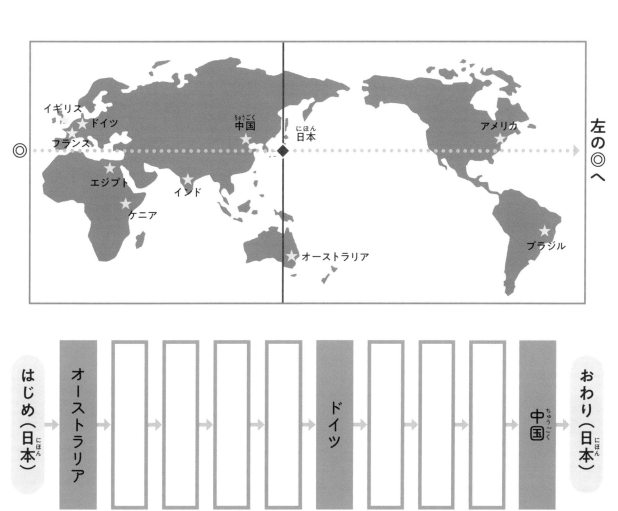

イギリス
ドイツ
フランス
エジプト
インド
ケニア
中国
日本
オーストラリア
アメリカ
ブラジル

左の◎へ

はじめ
（日本）　→　オーストラリア　→　□　→　□　→　□　→　ドイツ　→　□　→　□　→　中国　→　おわり（日本）

世界一周をして，
めずらしいうんこを
見つけるぞい！

# うんこコアラの うんこを手に入れよう

めずらしいうんこコアラのうんこを，木の枝の先に見つけました。

これをさるロボットに取りに行かせます。どんなくりかえしにしたら，

うんこコアラのうんこまで行けますか。

（　　　）にプログラムを書きましょう。

←うんこコアラの
うんこ

↓うんこコアラ

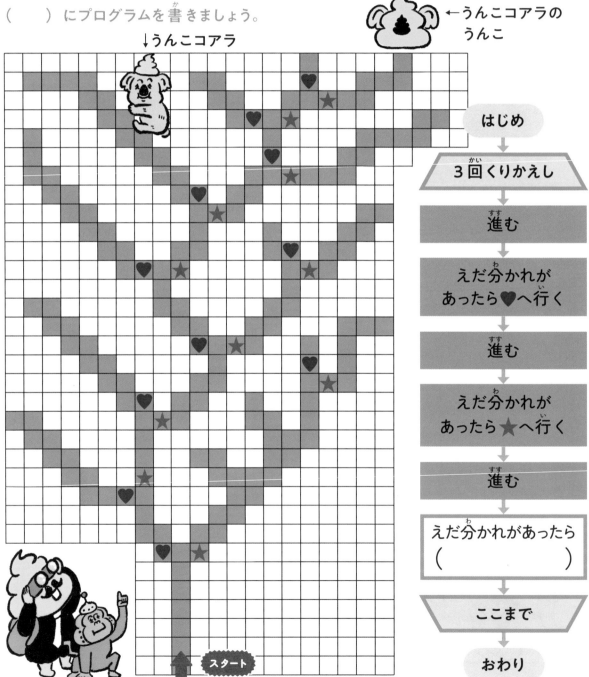

はじめ

3回くりかえし

進む

えだ分かれが
あったら♥へ行く

進む

えだ分かれが
あったら★へ行く

進む

えだ分かれがあったら
（　　　　　　）

ここまで

おわり

スタート

## まとめ うんこセンタービル へ行こう

→ふろくのうんこ先生人形を使って考えましょう。

うんこ先生は，世界中のうんこが集まる，うんこセンタービルへ行きます。
右のように進むと行けるそうです。

うんこセンタービルを〇で囲みましょう。

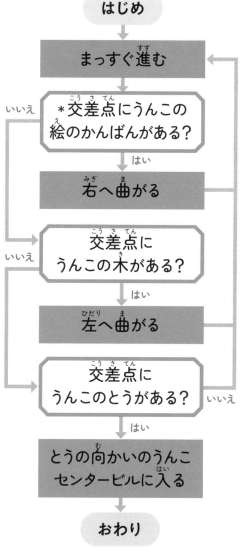

はじめ

まっすぐ進む

＊交差点にうんこの
絵のかんばんがある？
　いいえ　　はい

右へ曲がる

交差点に
うんこの木がある？
　いいえ　　はい

左へ曲がる

交差点に
うんこのとうがある？
　はい　　いいえ

とうの向かいのうんこ
センタービルに入る

おわり

＊交差点は，曲がり角のあるところです。

73

# まとめ

# 魔うんこを<br>手に入れよう

学習日

月　　　日

できたね
シールを
はろう。

ジャングルの池には魔うんこがあると言われています。
右下のフローチャートを使って魔うんこを見つけて,（　　　）に記号を書きましょう。

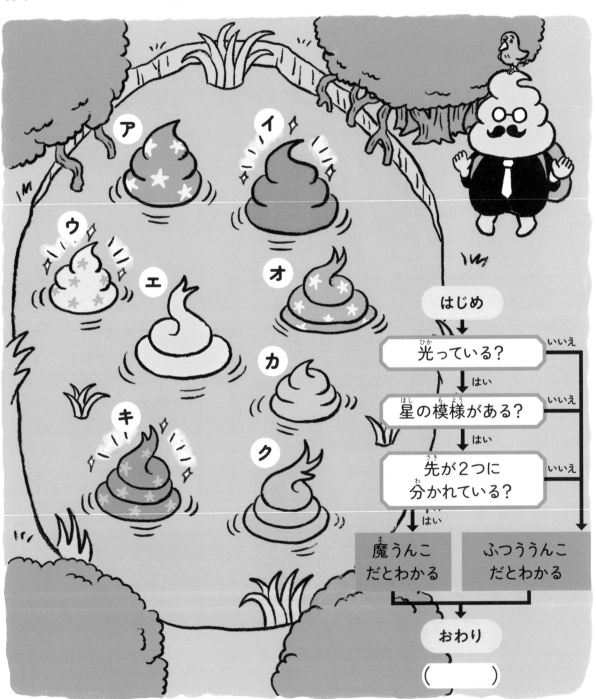

はじめ

光っている？　　いいえ

↓はい

星の模様がある？　　いいえ

↓はい

先が2つに
分かれている？　　いいえ

↓はい

魔うんこ
だとわかる

ふつううんこ
だとわかる

おわり

（　　　　　）

74

# いろいろなうんこ城

学習日

月　　日

できたね
シールを
はろう。

いろいろなうんこ城を見学するために,
それぞれの特ちょうをまとめることにしました。
それぞれの特ちょうが当てはまるうんこ城の記号を（　　）に書きましょう。

山の上にある　　　（　　　　　　　　　　）

湖のほとりにある　（　　　　　　　　　　）

屋根がうんこの形　（　　　　　　　　　　）

とびらがうんこの形（　　　　　　　　　　）

75

# 黄金のうんこを
# 手に入れよう

 学習日

月　日

黄金のうんこがねむるというピラミッドに入ります。

しかし，行き先を書いた下のメモはどこかがまちがっているそうです。

まちがっている部分に×をつけて，（　　　）に正しく書きましょう。

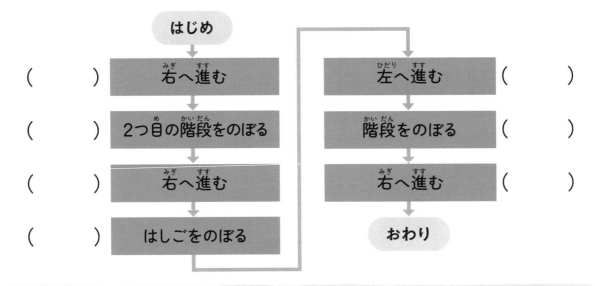

はじめ

（　　　）右へ進む　　　左へ進む（　　　）

（　　　）2つ目の階段をのぼる　　　階段をのぼる（　　　）

（　　　）右へ進む　　　右へ進む（　　　）

（　　　）はしごをのぼる　　　おわり

黄金のうんこ

はじめ

 まとめ

# キリマンジャロうんこを手に入れよう

学習日

月　　日

できたね
シールを
はろう。

キリマンジャロうんこがありましたが，近くでライオンの群れが昼ねをしています。
そこでロボットに，キリマンジャロうんこまで行くようにプログラミングしました。
□ にプログラムを書きましょう。

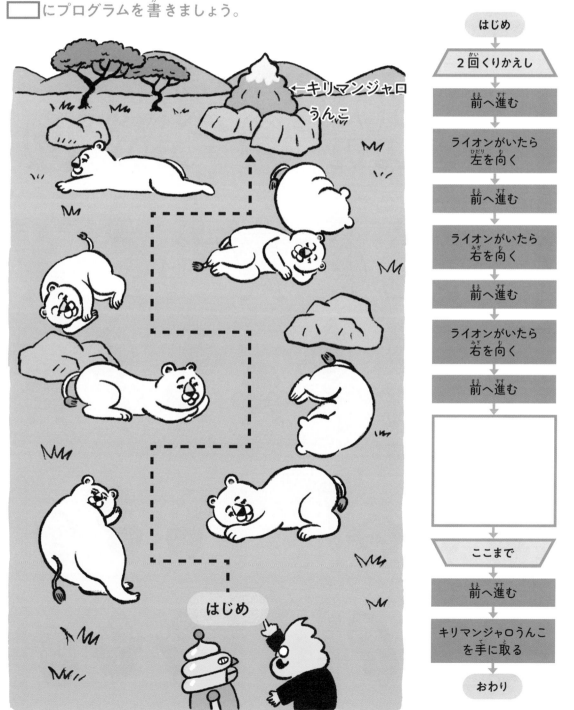

←キリマンジャロ
うんこ

はじめ

はじめ

2回くりかえし

前へ進む

ライオンがいたら
左を向く

前へ進む

ライオンがいたら
右を向く

前へ進む

ライオンがいたら
右を向く

前へ進む

ここまで

前へ進む

キリマンジャロうんこ
を手に取る

おわり

77

まとめ

# きまりを守った 体操をしよう

学習日

月　日

できたね
シールを
はろう。

大勢の人が体操をしています。しばらく見ていたうんこ先生は「みんなちがう体操をしているようだけれど，きまりは同じじゃ。簡単な動きのくりかえしさえ守ればよいのじゃ。」と言いました。

きまりを守ったうんこ先生の体操はどれですか。（　　）に〇をかきましょう。

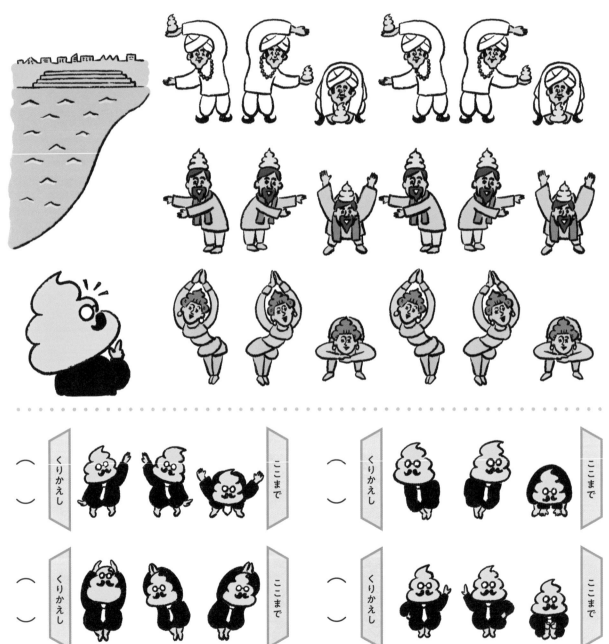

（　　）くりかえし　　　　ここまで

（　　）くりかえし　　　　ここまで

（　　）くりかえし　　　　ここまで

（　　）くりかえし　　　　ここまで

# 世界一長い
# うんこの先へ行こう

**まとめ**

学習日

月　　日

できたね
シールを
はろう。

世界一長いうんこがあります。
今日の朝出発してうんこの先まで行って帰るには，明日の夜までかかります。
下のフローチャートを見て，うんこ先生が持っていくべきものを ▢ に書きましょう。

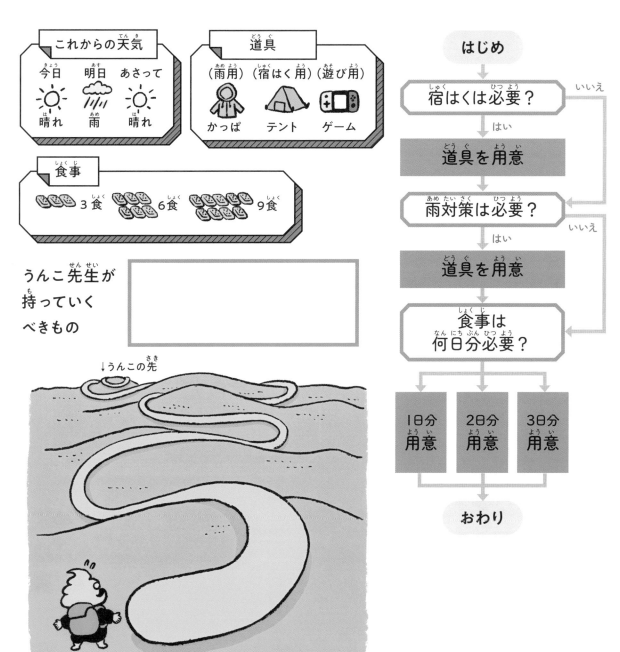

これからの天気
今日　明日　あさって
晴れ　雨　晴れ

道具
（雨用）（宿はく用）（遊び用）
かっぱ　テント　ゲーム

食事
3食　6食　9食

うんこ先生が
持っていく
べきもの

↓うんこの先

はじめ

宿はくは必要？　いいえ
はい
道具を用意

雨対策は必要？　いいえ
はい
道具を用意

食事は
何日分必要？

1日分
用意　2日分
用意　3日分
用意

おわり

# 「しあわせうんこ」 をつくろう

4個のうんこをきまり通りにうんこチェンジャーに入れると,「しあわせうんこ」が
できると言われています。うんこ先生はプログラミングしてうんこを入れましたが,
できたものは「しわしわうんこ」でした。

プログラミングのどこをまちがえたのか,（　　　　　）に書きましょう。

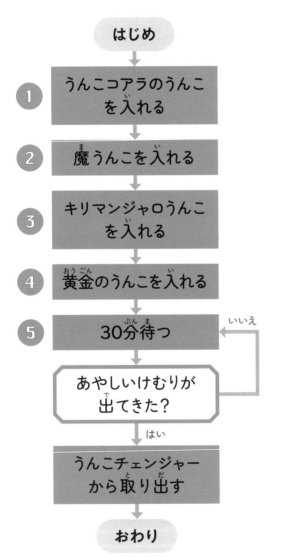

**はじめ**

1. うんこコアラのうんこ を入れる
2. 魔うんこを入れる
3. キリマンジャロうんこ を入れる
4. 黄金のうんこを入れる
5. 30分待つ

あやしいけむりが 出てきた？

いいえ

はい

うんこチェンジャー から取り出す

**おわり**

**きまり**

魔うんこ

うんこコアラの うんこ

キリマンジャロ うんこ

黄金のうんこ

の4個を，これまで 手に入れた順に うんこチェンジャー に入れる。

（　　　　　　　　　　　　　　　　　　　　　　）

# プログラミング

## 答えとアドバイス

縮刷解答！
わかりやすい

解説も確認しよう！

1 ページ

2 ページ

3 ページ

4 ページ

5 ページ

6 ページ

---

解説

**4 ページ** センサーで反応したり，自動で量や強さを調整したりするものは家庭でも多く見られます。また，1つのものにいろいろなプログラムが入っている場合も多くあります。

**5 ページ** 家の外に出ると，さらにいろいろなものが見つけられます。町の中で探すときには，危険がないように注意しましょう。

## 7 ページ

道をふさいだものを
どかそう

## 8 ページ

うんこ川に橋を
かけよう

（ウ）→（イ）→（ア）

## 9 ページ

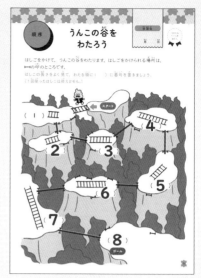

うんこの谷を
わたろう

## 10 ページ

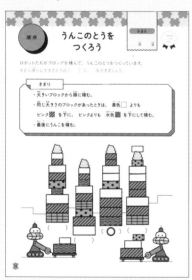

うんこのとうを
つくろう

## 11 ページ

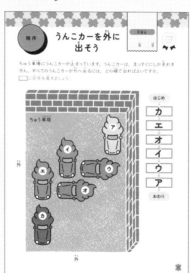

うんこカーを外に
出そう

## 12 ページ

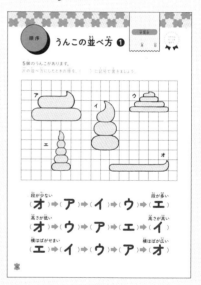

うんこの並べ方❶

\解説/

8 ページ　完成予想の橋のイラストをもとに上から順に見てしまいがちですが，下から順につくらなければならないことに注目しましょう。

11 ページ　うんこカーはまっすぐにしか走れないので，ちゅう車場の外に出ていくことのできる方法は1つに決まります。どの順に出ていけばよいか，1台ずつ向きを見ながら考えていきましょう。

12 ページ　うんこの段の数は，イラストを見て判断しましょう。高さと横はばは，ますの数を数えて考えます。

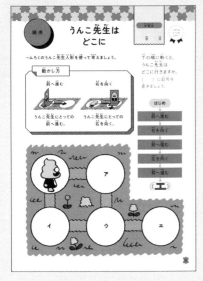

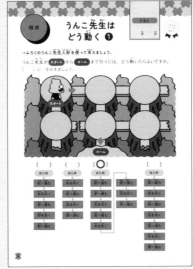

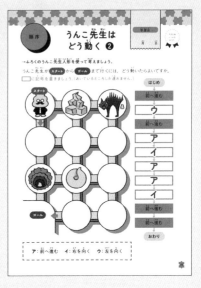

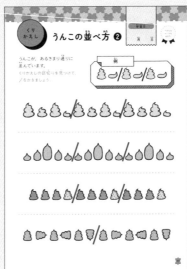

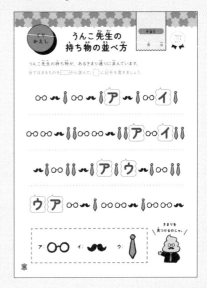

\解説/

**13 ページ** ふろくのうんこ先生人形を使って考えます。まずはスタートの位置に，アのほうへ向けて人形を置きます。指示をしっかりと見ながら人形を移動させて，最後にどこにいるかを確認しましょう。

**15 ページ** イラストがあるところは通ることができません。ゴールまでの道は1つに決まっていますので，指示が正しくなるように，人形を動かしながら考えましょう。

**17 ページ** どのようなきまりでうんこが並んでいるかを考えます。うんこが何種類出てくるかということは，問題ごとにちがいます。並び方にしっかり着目して考えましょう。

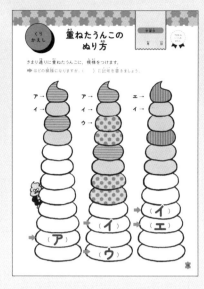

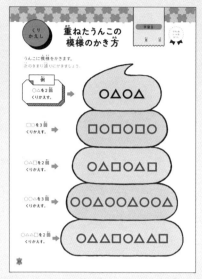

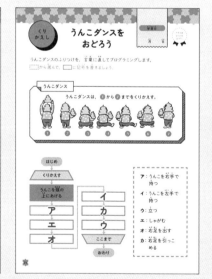

\解説/

**19ページ**　左のうんこは2個ずつ，まん中のうんこは4個ずつ，右のうんこは3個ずつのきまりで並んでいます。

**21ページ**　きまりを当てはめて，色のあるますの文字は読まずに，色のないますの文字だけを読みます。3題あるので，小さく印などをつけながら取り組むとよいでしょう。

**23ページ**　「順序」でも似た問題に取り組みましたが，ここでは「2回くりかえす」ことでゴールまでたどり着く必要があります。合計12回の指示でゴールまで着くことになるので，進み方を考えましょう。

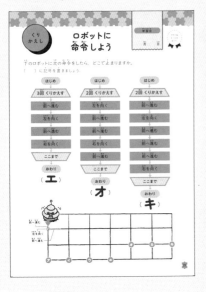

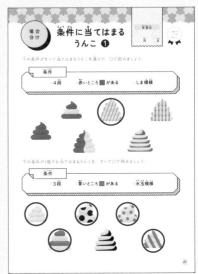

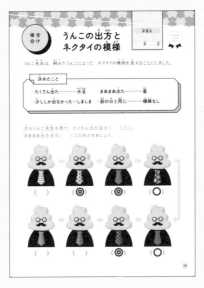

### 解説

**25 ページ** 似た指示が並んでいますが，止まる場所はちがいます。くりかえしの回数もしっかりと確認しましょう。

**27 ページ** 上と下は似た問題ですが，「条件がすべて当てはまるうんこ」を選ぶのか，「条件が1個でも当てはまるうんこ」を選ぶのかがちがいます。問題をしっかり読んで取り組みましょう。

**29 ページ** 「たくさん出た日」の水玉模様，「まあまあ出た日」の星模様だけが答えになるわけではありません。模様なしの日についてはどうなっているのか，確認しましょう。

## 31ページ

## 32ページ

## 33ページ

## 34ページ

## 35ページ

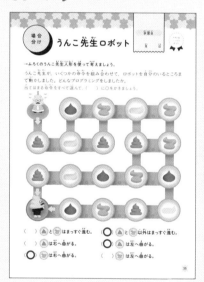

## 36ページ

解説

**32ページ** 6回の目の出方を考えるのは難しいようにも思えますが，A，B，Cのどれも組み合わせは1つに決まります。

**35ページ** ふろくのうんこ先生人形を，ロボットに見立てて動きを確認しましょう。最初のうんこで左へ曲がらなければいけないことから，どのうんこで左へ曲がるのかのプログラミングを決めることができます。同様にして，まっすぐ進むところ，右へ曲がるところを考えましょう。

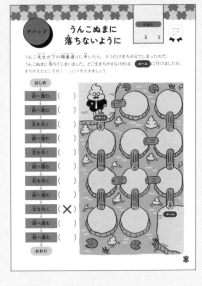

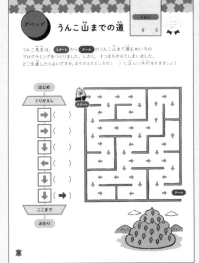

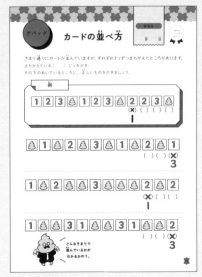

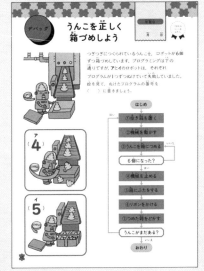

---

解説

**37ページ** ゴールに行ける行き方はいくつかありますが、ここでは「1つだけまちがえてしまった」とあります。どこか1つだけを直してゴールに行く行き方を考えましょう。

**41ページ** うんこ先生がつくったきまりは、数字とアルファベットの組み合わせでひらがなを表すというものです。はじめにわたした命令書では、ロボットがうんこを捨ててくれませんでした。うんこを捨てる命令になるように、命令書のまちがいを見つけて直しましょう。

**43 ページ**

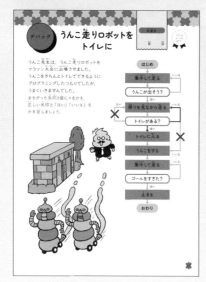

**44 ページ**

**45 ページ**

**46 ページ**

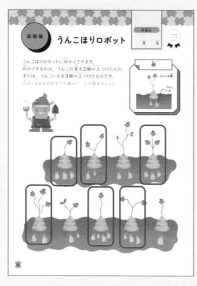

**47 ページ**

**48 ページ**

---

**43 ページ** トイレがないときにはもう少し走って，トイレがあったときには入ることができるように，うんこ走りロボットのプログラミングを見直してあげましょう。

**46 ページ** 「うんこの実を2個以上，または，うんこいもを3個以上」という条件なので，どちらかの条件に当てはまっていれば，もう一方は数が足りていなくても構いません。

**47 ページ** 「う」「ん」「こ」の3文字すべてがふくまれている言葉を探します。「うんこことば」は意外と多く見つけられそうですね。

89

49 ページ

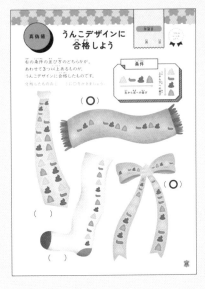

50 ページ

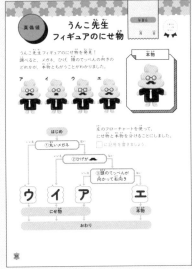

51 ページ

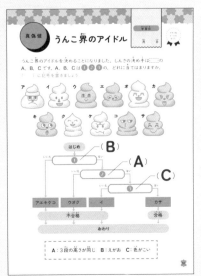

52 ページ

53 ページ

54 ページ

解説

49ページ 「条件」にある4個のうんこの並び方を確認して，その並び方が何回出てくるかを確認しましょう。○で囲むなどしていくとわかりやすいでしょう。

51ページ 50ページと同じ形の問題ですが，どのうんこが「不合格」とされたかで，①②③でどのようなしんさがされたのかを考えていきます。

54ページ 仲間分けも，プログラミングの中で必要な「抽象化」の考え方の1つです。同じ記号を何度も答えることになるので，どれが当てはまるかをよく考えましょう。

## 55 ページ

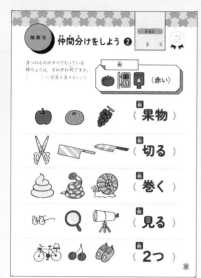

## 56 ページ

## 57 ページ

## 58 ページ

## 59 ページ

## 60 ページ

~~~

\解説/

**55 ページ** どのような仲間か，どのようなはたらきを持つか，などで分けられています。考えて書けていれば正解です。

**56 ページ** ①に当てはまるもの，②に当てはまるもの，……と，①から順に見て番号を書いていきましょう。

**59 ページ** 転がすためには曲面がふくまれている必要があり，積み上げるためには平面が向かい合っている必要があります。

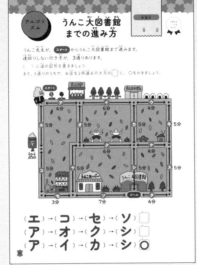

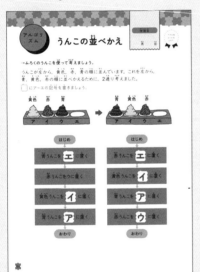

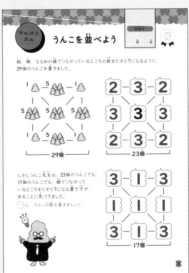

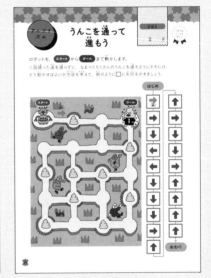

\ 解説 /

**61ページ** 「エがいちばん重い」ということを本当に調べることができているかを，まずは考えてみましょう。いちばん左のロボットは，エがアより重いかどうかを調べることができていません。

**64ページ** ふろくのうんこを動かしながら，考えてみましょう。問題にある2通り以外に，最初に黄色うんこを動かす方法もあります。

**66ページ** スタートからゴールまでの道はいくつもありますが，ここでは「1回通った道を通らない」「なるべくたくさんのうんこを通る」行き方を考える必要があります。

**67 ページ**

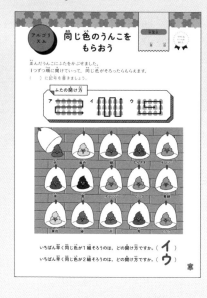

**68 ページ**

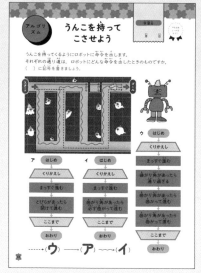

**69 ページ**

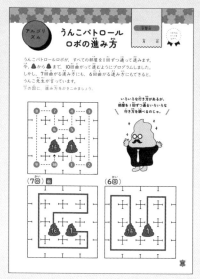

**70 ページ**

**71 ページ**

**72 ページ**

---

**解説**

**67ページ** 同じ色のうんこがそろったらもらえるという条件です。色をそろえることができる赤，黄色，緑，オレンジ，青，ピンクの6種類のうんこに注目して考えましょう。

**68ページ** ア，イ，ウのどの命令でもゴールにたどり着きますが，それぞれの命令でどの道を通ることになるのかを，3種類の線から考えます。

**71ページ** 順序の問題です。日本からスタートして考えましょう。

**72ページ** 答えを考えてから，そのプログラミングでうんこコアラのうんこを取りに行けるか，確かめてみましょう。

**93**

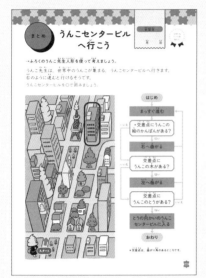

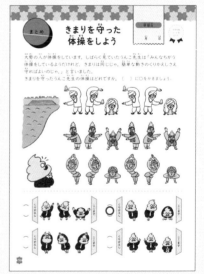

---

解説

**74 ページ** フローチャートを見ながら，「ふつううんこ」に×をつけていくなどして，魔うんこを見つけましょう。

**77 ページ** 昼ねをしているライオンにはぶつからないように進んでいく必要があります。ここでも答えを考えてから，そのプログラミングでキリマンジャロうんこを本当に取りに行くことができるか，確かめてみましょう。

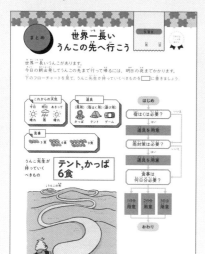

---

\解説/

**79 ページ** 問題文の「今日の朝出発して，明日の夜までかかる」という条件から宿はくの道具が必要とわかります。また，「これからの天気」の条件から，雨用の道具も必要であるとわかります。今日の朝から明日の夜までなので，食事は6回分が必要になります。

**80 ページ** せっかく手に入れた貴重なうんこでしたが，「しあわせうんこ」はできなかったようですね。72ページからの問題を見直して，どのうんこをどの順で手に入れたかを確認しましょう。

自由に使おう！

うんこ コミックス UNKO COMICS
おはよう！うんこ先生
原作：古屋雄作
漫画：水野輝昭
発売中!!
第1話をまるごと読めるのじゃ！
今日から
うんこが担任に!?
こちら新しく担任になるうんこ先生です
校長
みんな早くなれるように～
みなさんよろしくですじゃ
無理!!!!
おつかれさまですじゃ
まともな先生がいねエ――ッ!!
もういいよ！絶対ふざけてるこのバカうんこ!!
ちょちょちょ
ドドドドドドド
どうなる
僕らの6年2組！
UNKO COMICS
おはよう！うんこ先生 1
原作：古屋雄作
漫画：水野輝昭
近くに本屋がなければコチラ！
価格（本体 505 円+税）
ISBN 978-4-86651-279-2
次のページから記念すべき第1話をお読みいただけます！

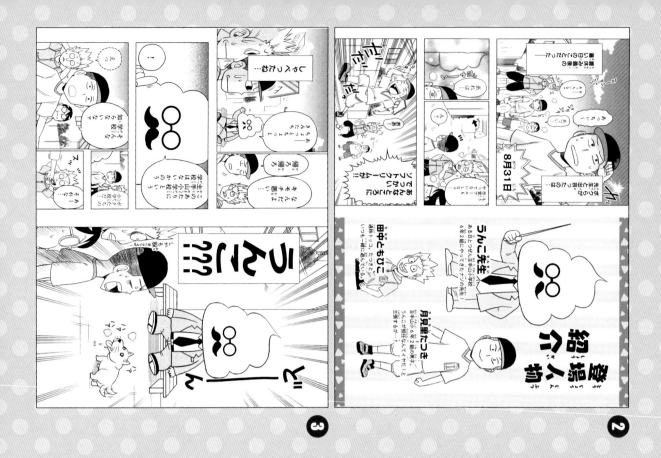

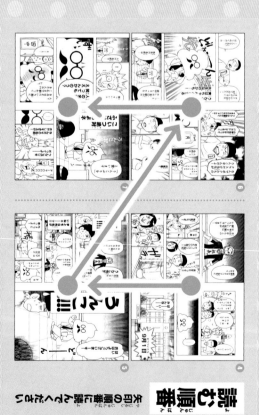

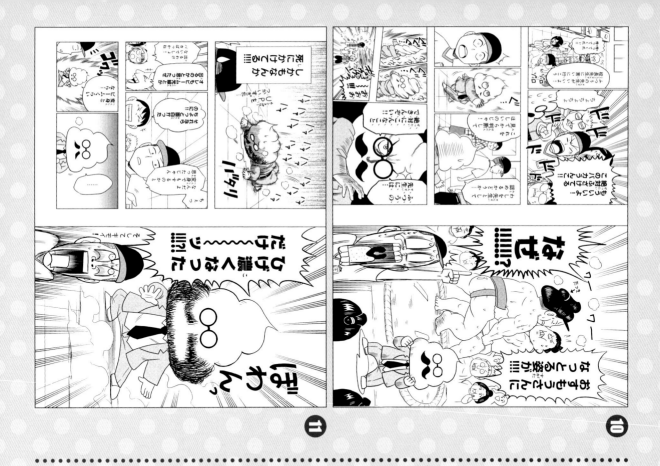

⑫

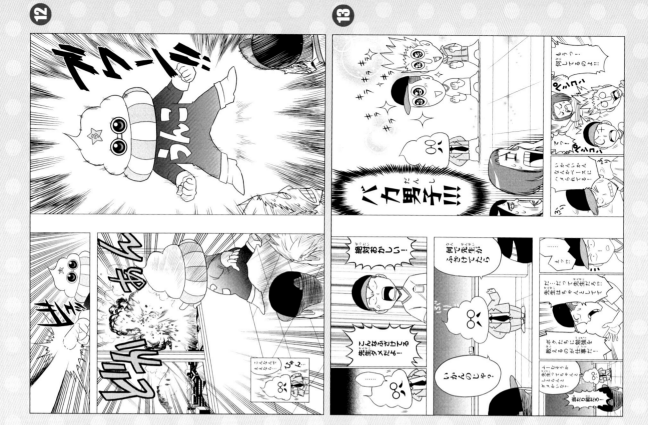

⑬

⑭

⑮

クリアファイル

うんこドリル
セット 購入者 **限定！**
学習に役立つ
**特別 ふろく 付き**
→ ご購入は各QRコードから ←

したじき

シール付
うんこノート

## 小学**1**年生 / 小学**2**年生 / 小学**3**年生

### 漢字セット

| 小学1年生 | 小学2年生 | 小学3年生 |
|---|---|---|
| **漢字セット** 2冊 | **漢字セット** 2冊 | **漢字セット** 2冊 |
| かん字／かん字もんだいしゅう編 | かん字／かん字もんだいしゅう編 | 漢字／漢字問題集編 |

### 算数セット

| 小学1年生 | 小学2年生 | 小学3年生 |
|---|---|---|
| **算数セット** 3冊 | **算数セット** 4冊 | **算数セット** 4冊 |
| たしざん／ひきざん 文しょうだい | たし算／ひき算／かけ算 文しょうだい | たし算・ひき算／かけ算 わり算／文章題 |

### オールインワンセット

（全部入り！）

| 小学1年生 | 小学2年生 | 小学3年生 |
|---|---|---|
| **オールインワンセット** 7冊 | **オールインワンセット** 8冊 | **オールインワンセット** 8冊 |
| かん字／かん字もんだいしゅう編 たしざん／ひきざん／文しょうだい アルファベット・ローマ字／英単語 | かん字／かん字もんだいしゅう編 たし算／ひき算／かけ算／文しょうだい アルファベット・ローマ字／英単語 | 漢字／漢字問題集編／たし算・ひき算 かけ算／わり算／文章題 アルファベット・ローマ字／英単語 |

※セットによって特別ふろくの内容は異なります。

# 遊び感覚だから続けられる！